지속가능한 평화와 통일전략

통일 신학에서 본 대북정책과 한반도 평화

이 도서의 국립중앙도서관 출판시도서목록(CIP)은 서지정보유통지원시스템 홈페이지(http://seoji.nl.
go.kr)와 국가자료공동목록시스템(http://www.nl.go.kr/kolisnet)에서 이용하실 수 있습니다.
CIP2016001630(양장), CIP2016001631(학생판)

지속가능한 평화와 통일전략

통일 신학에서 본 대북정책과 한반도 평화

Sustainable Peace and Reunification Strategy:

Policy on North Korea and Peace in Korea from the Reunification

Theological Perspective

노정선 지음

한울
아카데미

차례

| 들어가는 말 _ 6

| 제1장 지속가능한 평화 _ 9

| 제2장 남북한과 일본의 지속가능한 평화전략 _ 22

| 제3장 한반도 평화를 위한 북한과 미국의 관계 재설정 _ 32

| 제4장 분단 범죄와 강대국 지배전략: 4단계 망각증 이론 _ 35

| 제5장 제국 신학 해체와 여호수아 착각 증후군 치료: 간디의 악용을 막는 길 _ 44

| 제6장 민중 신학, 인민 신학, 통일 신학 _ 58

| 제7장 통일의 패러다임 전환과 평화 경영 _ 85

| 제8장 동학농민운동, 평화 통일의 새 패러다임 _ 102

| 제9장 분단 극복 전략과 새 틀 짜기 _ 108

| 제10장 중동 전쟁과 기독교의 평화 역할 _ 116

| 제11장 동북아시아 평화를 위한 패러다임의 전환 _ 122

| 제12장 정의란 무엇인가?: 포스트 브레턴우즈 시대 통일-평화-정의의 예방 경제론 _ 126

| 제13장 서해해전과 대안적 평화 _ 142

| 제14장 촉매 패러다임: 지속가능한 통일의 미래 전략 _ 162

| 제15장 핵 안보의 허구 _ 180

| 제16장 평양의 예수와 예수의 평양 _ 185

| 제17장 노정선의 신학과 삶 _ 191

| 부록 수영장 이론: 원자력발전소 사고를 방지할 수 있는 대안 _ 209

| 참고문헌 _ 219

들어가는 말

    우리는 역사적인 시간의 한가운데에 서 있다. 바로 지금이 통일의 물꼬를 트기에 가장 적합한 시간이 아닐까 한다. 이 골든타임을 놓치지 말아야 한다.

    지금은 통일을 준비할 위원회를 구성할 때가 아니라 실질적으로 통일을 이룰 때이다. 오늘날 우리는 마치 정신질환을 앓고 있는 것처럼 준비만 반복하면서 종지부를 찍지 않으려 하고, 졸업을 하지 않으려는 것 같다. 여러 차례의 골든타임이 있었지만 우리는 그 기회를 의식적·무의식적으로 놓쳐버렸다. 그럴수록 전쟁 발발의 위험성은 점점 더 커져 이제는 더 이상 견디기 어려운 상황이 되었다. 정부는 이에 대한 대책으로 천문학적인 예산을 들여 첨단무기를 수입하는데, 이로 인해 전 세계의 무기 판매상들은 엄청난 돈을 벌어들이면서 환희의 잔치를 벌이고 있다. 이들은 로비를 통해 정치 권력자, 고급 장성, 고위 장교에게 뇌물을 줘 이들을 종속시키고 노예화하고 있다. 이 나라의 위정자들이 이런 음모 집단에게 종속되면서 국민의 생명과 안보가 볼모로 잡혔다. 이러한 피해를 입고 있는 국민을 보호하기 위해 나아가야 할 첫걸음은 인권 옹호이고, 지속가능한 평화와 통일전략을 바로 세우는 것이다. 이러한 정신에 기초한 결단 있는 행동이 요구되는 시점이다. 그런 뜻에서 이 책을 낸다.

    필자는 그동안 한반도 통일을 위해 여러 가지 일을 해왔다. 2014년 6월

17~19일에는 스위스 제네바 보세이(Bossey)에서 열린 '한반도 정의, 평화와 화해에 대한 국제협의회'에 참석해 북한 대표 강명철 목사[조선그리스도교련맹(조그런) 중앙위원회위원장, 인민최고위원, 상임위원], 리정로 부위원장, 김현철 전도사 등과 한반도 평화를 위한 국제협의를 하면서 많은 대화를 나누었고, 협력하기로 결의했다. 7월 25일에는 미국 백악관에서 버락 오바마(Barack Obama) 대통령의 보좌관인 시드니 사일러(Sydney Seiler) 등과 2시간 동안 한반도 평화와 통일을 위한 미국의 대북 정책에 관해 논의했으며, 8월 13일에는 평양 봉수교회에서 8·15 공동행사와 기도회에 참석했다.

2015년 5월에는 중국 선양(瀋陽)에 있는 능라도 식당에서 강명철 목사, 오경우 목사 등 4명의 조선그리스도교련맹(조그런) 대표와 만나 9~11월쯤 평양 봉수교회에서 다시 '남북 공동 조국평화통일 기원을 위한 감사 기도회'를 개최하는 데 협의했다. 6월 5일에는 북한민족화해협의회(민화협) 이창덕 대표 등과 한반도 평화와 통일을 위한 여러 협의를 했다. 11월 9~10일에는 금강산에서 조그런 대표들을 포함해 북한의 불교, 민족종교, 천도교, 천주교 대표들과 만나 1972년 7·4공동성명, 2000년 6·15선언, 2007년 10·4선언을 완성시키는 데 합의하면서 뜨거운 가슴으로 평화, 정의, 통일을 다짐했다. 남한에서 153명, 북한에서 대략 80여 명이 모인 가슴 벅찬 만남이었다. 이러한 다양한 협의와 활동을 통해 전쟁의 참화를 막고, 평화와 행복, 번영을 이룰 수 있을 것이라고 본다.

항상 최선을 다하려고 하고 있으나 미진한 것이 사실이다. 이는 인간이 가진 근본적인 한계라고 할 수 있지만 이러한 한계가 있기에 더욱 발전할 수 있다는 믿음을 갖고 이를 축복으로 생각하며 매사 감사하는 마음으로 살고 있다.

2016년
서울에서 노정선

1

/

지속가능한 평화

모세의 노예해방운동과 한반도의 평화

북한의 목을 조르는 제재를 계속해 북한을 불리하게 만들 것인지, 한반도 공동의 번영을 위해 북한과 협력할 것인지 선택해야 한다. 북한은 1945년 강량욱 목사를 중심으로 한 칠골[1] 집단과 만경대 중심의 소작인들이 시작한 해방운동에서 시작되었다. 그들은 고구려에서 주인이 사망하면 그가 가장 사랑했던 종들도 무덤에 생매장하던 관습을 폐지했다. 북한은 이 관습을 북한 노예해방의 실천으로 기록하고 거대한 박물관을 만들어 북한 역사의 뿌리로 기억하고 있다.

---

[1] 평양시의 칠골과 만경대 지역은 김성주(김일성의 개명 전 이름) 집안과 강량욱 집안, 즉 강반석(김일성의 어머니) 집안의 결혼을 통해 혁명의 중심지가 되었다. 김일성 부친의 집안은 강반석 집안과의 결혼으로 맺어졌다. 김일성 집안은 '만경대'에 자리를 잡았고, 바로 만경대 근처 '칠골'에서 집안을 꾸렸다. 이 두 지역을 합쳐서 '혁명사적지'라고 부른다.

노예들은 역사적 투쟁 속에서 오랜 세월 억압과 착취를 당해왔다. 수천 년 전 모세가 이집트에서 종살이하던 사람들을 해방시킨 것처럼 전 세계에서도 해방운동이 이어졌다. 서양에서는 흑인들의 노예해방운동, 여성해방운동이 있었고, 한반도에서는 만적의 난, 동학농민운동 등의 노예해방운동이 계속되었다.

그 해방운동을 진압하기 위해 폭력적이고 전쟁적인 대응이 있었고, 이에 대항해 다시 봉기가 이어졌다. 이러한 현상은 결국 저항과 진압이라는 악순환으로 이어졌다. 이 악순환의 고리를 끊기 위해서는 착취와 억압이 종식되고, 약자를 존중해야 한다. 이것이 성서에서 말하는 모세의 해방운동의 정신이다. 한반도에서 종살이하고 소작하던 사람들에게 평화를 주어야 한다. 그들의 저항에 대응해 제재와 진압으로 대량 살상을 야기하는 전쟁을 해서는 안 된다.

노예해방운동은 고구려의 첫 번째 왕인 고주몽이 부분적으로 했고, 중국의 공자(孔子)도 했으며, 조선의 숙종 또한 궁사노비, 즉 궁중을 위해 일하는 노예를 해방시킨 적이 있고, 최제우 역시 노예를 해방시킨 적이 있는 등 많은 역사적인 실례가 있다. 구태여 모세를 불러오지 않아도 한민족 역사에서 주체적으로 실천되었다는 것에 긍지를 가질 만하다.

생명을 지키는 평화의 대행진

이제 세계는 또 하나의 생명 행진을 해야 한다. 이라크 전쟁과, 베트남 전쟁에서의 민간인 학살, 아프가니스탄 전쟁의 저항 전쟁과 민간인 학살 등과 같은 약자에 대한 끊임없는 폭력, 학살 전쟁이 오늘날에도 계속되고 있다. 아프가니스탄 전쟁이 한반도에서의 전쟁으로 이어져서는 안 된다.

실제로 미국의 전 국방장관 캐스퍼 와인버거(Caspar Weinberger)는 이라크 전쟁 다음은 한반도 전쟁이라고 예언한 바 있다.2)

지금 한반도는 바로 이러한 전쟁의 구체적인 시작 단계에 접어들어 있다. 경기도 연천군 태풍전망대 근처 면사무소 주차장에 북한이 발사한 고사총 탄알이 날아와 꽂혔다. 한국에 있는 탈북자 단체가 북한을 강력하게 비난하고 모욕하는 내용의 대북 전단 100만 장을 날려 보낸 바로 다음날이었다. 연평도에 북한의 다연장 로켓포 탄알 수백 발이 날아와 해병 2명과 민간 건축기사 2명이 사망했고, 천안함에서는 해군 46명이 사망했다. 전쟁의 기폭제적인 전투가 계속되고 있고, 미국은 고고도 미사일 방어 체계인 사드(Terminal High Altitude Area Defense missile: THAAD)를 한반도에 배치하기 위한 조사를 완료했다. 미국 방위산업체 록히드 마틴(Lockheed Martin)은 그들의 무기체계를 한반도에 팔기 위해 수년간 로비를 했고, 결국 F-35 전투기와 최첨단무기들을 속속 한국에 판매했다. 이는 곧 한국 국민들이 계속해서 전쟁 비용을 지불하고 이에 따른 높은 세금에 시달리면서 경제협력개발기구(OECD) 국가 중 자살률 1등이라는 불명예를 안고 불행한 인생을 살고 있다는 말이 된다.

북한은 핵전쟁도 불사하고, 재래식 전쟁도 할 준비가 되어 있다고 공공연하게 말하면서 미국의 군사력에 도전하는 발언을 계속하고 있다. 또한 절대로 핵무기를 폐기하지 않을 것이고, 오히려 더 많은 핵무기를 생산할

---

2) 캐스퍼 와인버거 외, 『넥스트 워』, 정형근 옮김(고려원, 1997). 뉴욕 유니온 신학대학원(Union Theological Seminary)에서 코리아 소사이어티(Korea Society) 주최로 '한국의 기독교(Christianity in Korea)'라는 국제 세미나를 열었는데, Korea Society의 회장인 도널드 그래그(Donald Gregg) 전 주한 미국 대사가 필자를 집으로 초대했다. 그와 함께 버스로 이동하면서 한 시간 반 동안 대화를 했는데, 그때 그가 필자에게 이 책을 꼭 읽어보라고 권했다.

것이며 다양한 종류의 전술핵무기, 전략무기를 더 정교하게 만들어 세계의 압력에 굴복하지 않겠다고 말하고 있다.

북한 황해도 평산 광산에는 우라늄이 2600만 톤 이상 매장되어 있는데, 이는 전 세계 최고 수준이다. 최근 각종 매스미디어를 통해 이 광산이 많이 채굴되고 있고 대규모 처리시설도 건설되었다는 것을 보여주는 인공위성 사진이 공개되었다. 2014년 국제연합식량농업기구(FAO)는 북한에서 최근 3년간 3.5% 이상 경제력이 증가했고, 다시 70% 정도의 배급이 이루어지기 시작했다고 보고했다.

이제 북한에서 '1996년 고난의 행군' 이후 수십만 명 혹은 수백만 명이 기아로 사망하는 비극은 종지부를 찍어야 한다. 유럽, 북아메리카 주, 일본 등은 새로운 식민지세력으로서 수백 년 동안 원주민들을 대량 학살하고, 난징에서도 수십만 명을 학살했다. 세계 처처에 학살당한 약자들의 피가 흐르지 않는 곳이 없다. 이를 이어 오늘의 세계시장경제는 새로운 또 하나의 노예경제가 되어 있다. 자유시장경제가 자유는 없고 노예만 있는 노예시장경제가 된 것이다. 현대의 경제적 노예제도에 대한 저항 전쟁이 계속되고 있다. 월스트리트(Wallstreet)의 버나드 메이도프(Bernard Madoff)3)의 사기 수법을 기초로 한 거짓말 경제가 우리의 목을 조르고 있다. 수십 억

---

3) 미국 월스트리트에서 금융 사기로 189년 감옥형을 받은 메이도프는 폰지 스킴(Ponzi Scheme)을 발전시켜 사기를 쳤는데, 이런 방식은 미국에서 편만하게 진행되고 있다. 이탈리아에서 미국으로 이민을 왔던 '폰지'는 돈을 자신에게 맡겨 투자하면 거대한 액수의 이자를 착실하게 지불해 신뢰를 쌓았고 이런 방식으로 계속 투자자들을 모았다. 그러나 이 막대한 이자를 지불할 돈이 없어지자 이 방식은 파산했고, 그는 감옥행이라는 처벌을 받았다. 예를 들어 1억 원을 폰지에게 주면 5000만 원에 대한 연 이자를 주겠다는 방식으로 사기를 쳐서 급속하게 많은 돈을 모은 뒤 이자를 주지 못하고 원금도 돌려주지 못한 것이다. 이와 유사한 사기 수법들이 사용되면서 미국의 초대형 금융기구들이 파산 과정에 들어섰다.

명의 세계 인구는 오늘도 하루 1달러가 없어 굶어 죽을 위기에 처한 생명을 지키기 위해 힘든 전쟁 행진을 이어가고 있다. 글로벌 경제 폭력 세력과 국가의 폭력하에서 힘없는 사람들의 단결된 평화 행진이 필요한 시점이다. 인간을 지키고, 인간 생명을 지키는 평화의 대행진이 우리를 부르고 있다.

한반도의 지속가능한 평화를 위한 전략: 평화적인 핵에너지 보유

한반도에는 나날이 전쟁의 위험이 증가하고 있다. 그 해결의 실마리는 위험의 근본에서 찾아야 한다.

그 뿌리에는 일본의 최첨단 군사 무장이 도사리고 있고, 미국은 일본과의 연대로 이를 지지하면서 미·일 동맹 구조를 통해 한반도 생존을 위협하는 게임을 구사하고 있지만, 정작 한국은 이러한 현실을 제대로 직시하지 못하고 있다. 한국은 일본이 미국의 적극적인 지원을 받으며 군사 최강국으로 성장하고 있고 자국의 이익을 위해 과거 침략에 대한 사과와 배상, 보상을 하지 않고 또다시 한반도에 새로운 욕망을 드러내고 있다는 점을 인식해야 한다. 미국이 일본의 핵 재처리를 인정하고 지지해 물밑으로 지원한 결과 일본은 세계 최첨단의 핵 재처리 국가가 되었다. 일본은 이를 통해 평화적인 핵에너지를 충분하게 확보하고 있는 반면, 한국은 평화적인 핵 재처리를 봉쇄당하고 있고, 에너지 종속이라는 불리한 위치에서 헤어 나오지 못하고 있다. 일본의 핵 재처리 공장 확보가 한국의 에너지 확보에 결정적인 걸림돌이 되었고, 이는 결국 국력의 불균형 상태로 이어졌다. 한국의 외교력은 미국과의 협상에서 이 문제를 해결하지 못했고, 청와대는 핵 재처리 공장 확보를 포기했으며 자주적인 에너지 확보에 무능하고 무지하며 그 중요성을 무시했다.

앞으로의 시민 안보(Civil Security), 인간 안보(Human Security), 민중 안보[民衆安保, People(minjung) Security][4]는 에너지 안보(Energy Security)와 직결된다. 에너지 안보를 지키지 못하면 국가 안보와 인간 안보도 지키기 어렵다. 현재와 같이 무자비한 침략이 홍수를 이루는 상황에서 시민의 최소한의 경제적인 생존권과 인간 안보를 지키는 것은 불가능하다. 이러한 핵 에너지로 야기된 불균형 상황을 해결해야 하는 긴급한 상황에서 다음과 같은 제안을 한다. 물론 안보라는 개념보다는 '평화'라는 개념으로 승화시켜야 하는 것은 말할 필요도 없다.

일본은 미국으로부터 핵 재처리 시설 확보를 인정받아 43톤 수준의 플루토늄을 축적하고 있고, 대륙 간 탄도 수준의 로켓을 보유하고 있다. 반면에 한국의 상황은 2015년 '한·미 원자력협정' 개정 협상이 타결되면서 약간 개선되었지만 그 근본은 달라지지 않았다. 즉, '사용 후 핵연료 관리 부분에서 핵연료 재처리를 확실하게 할 권리가 한국에 있다'라고 명시하지 못했다. 이는 잘못된 것이다. '한국은 재처리 권리가 있다'라고 명시해야만 한다. 미국은 일본의 재처리 권리와 '몬주(文珠)' ─ 플루토늄을 다시 생산할 수 있는 핵주기의 완결된 구조 ─ 까지 인정함으로써 한국과 일본을 차별하고 있다. 한국을 미·일 동맹 구도의 하부구조로 지배하려 한다는 의혹을 지울 수 없다. 따라서 윤병세 외교부 장관과 어니스트 모니즈(Ernest Moniz) 미국 에너지부 장관이 서명한 '한·미 원자력협정' 개정안은 근본적인 결함이 있다고 할 수 있다.

한국은 일본과 동등한 수준의 핵 정책을 수립해야 한다. 이를 위해 한·미

---

4) 앞으로는 '인민 안보'라는 용어를 쓰는 것이 필요하다. '인민'은 북한의 특권층이 아닌 일반 보통 사람들을 부르는 말이다. 따라서 특권층의 안보와 대비해 '인민 안보'라는 용어를 새로 쓰는 것이 필자의 복안이다.

원자력협정을 일본 수준으로 체결하고, 미국은 한국이 평화적인 핵에너지를 확보할 수 있도록 일본과 동등한 수준의 처리 시설(processing facilities)을 보유하는 것을 인정해야 한다.

평화적인 군사작전

한반도에서 운용 중인 미국의 핵무기 타격 군사무기체계들은 한반도 영해와 인근 해역에 대한 최근접 활동을 자제하고 태평양 하와이 지역 먼 바다로 퇴각해야 한다. 항공모함, 핵 잠수함, 토마호크(Tomahawk) 미사일, 무인 공격용 비행기 등을 한반도 남북 해안선 근접한 곳에 위치시켜 북한에 위협적인 불안을 조성하는 것은 오발과 우발의 위험 부담을 증가시킬 수 있고, 의도하지 않은 전쟁 발발까지 유도할 수 있다[군사작전계획(Oplan) 5030[5] 등]. 좀 더 심층적인 평화전략으로 지속가능한 한반도 안보를 구축할 수 있다는 안보 자신감에 바탕을 두고, 근본적으로 적대적인 관계를 평화적인 관계로 전환해야 한다는 신념을 버리지 말아야 한다. 대량의 핵무기를 한반도와 그 주변에서 운용하면서 평화를 지키는 방식보다는 근본적으로 국제적인 평화 경제를 수립하고, 국가 간 빈곤의 양극화를 제거하며, 평화조약을 맺어 전쟁을 예방하는 외교적인 노력을 우선해야 한다. 전쟁을 막기 위한 예방적인 경제를 남북한, 북·미, 북·일이 수립해 북한과의 경제협력을 강화하는 것이 전쟁을 예방하는 길이다.[6] 북한에 대한 경제제재를

---

5) 한·미 연합군이 해군·공군력으로 북한을 고립시켜 북한군의 동향을 정탐하고 대응을 이끌어냄으로써 에너지가 절대 부족한 북한군을 지치게 한다는 계획이다.
6) 노정선, 『동북아 평화를 위한 패러다임의 전환: 북핵 해결과 한반도 평화 정책을 위

풀 때 지역 평화가 지속적으로 이루어질 수 있다. 남북한은 통일된 하나의 경제로서 상호 번영의 길을 걸어야 한다. 미국은 이러한 군사작전을 평화작전(Operation Plan Peace)으로 명명하고 계획을 세워야 한다. 약소국을 공격·정복하고, 이들의 붕괴를 유도하거나 심리적인 불안감을 조성해 내란·내폭(implosion)[7]을 조장하는 미국의 군사작전[8]에 이 평화작전을 추가해야 한다.

부시의 제네바합의 위반

조지 부시(George Bush) 전 미국 대통령은 제네바합의(Geneve Agreed Framework)를 위반했고[9] 이는 문제를 야기했다. 이처럼 미국이 제네바합의를 위반한 지 4개월 뒤 북한의 대응이 나왔고, 다시 4년 후 북한은 핵실험을 했다.

미국은 2002년 6월 부시의 북한(이란, 이라크)에 대한 핵무기 선제공격 발언과 악의 축(axis of evil) 발언을 취소해야 한다. 이 발언은 "핵무기를 소유한 국가가 핵무기를 소유하지 않은 국가를 핵으로 선제공격하겠다고 위협

한 제언』(동연, 2008).

7) 내폭이란 내부에서 반란이 일어나거나, 내부 전쟁이 일어나거나, 인민 봉기 등이 일어나 폭발하는 것을 말한다. 영어로는 'implosion'이라고 쓰고, 'explosion'에 대칭되는 개념이다.

8) Oplan 5026, Oplan 5027, Oplan(Conplan) 5029, Oplan 5030, Oplan 8022 등이 있다.

9) 매사추세츠공과대학(MIT)의 놈 촘스키(Noam Chomsky)도 필자와 동일한 견해를 표명했다. Noam Chomsky, *Rogue States: The Rule of Force in World Affairs*(South End press, 2000).

하지 않는다"라고 명시한 제네바합의 핵 선제공격 금지 조항을 위반한 것이다. 이에 2002년 10월 북한 외무성 제1부상 강석주와 당시 외무성 미국국 부국장이었던(2015년에는 국장) 리근은 당시 미 국무부 동아시아태평양차관보였던 제임스 켈리(James Kelly)에게 북한도 핵무기를 보유할 권리가있다고 대응했다. 결국 부시의 선제공격 발언은 북한의 핵무기 개발 의지를 더욱 강화, 촉진시키는 결과를 낳았다. 오바마 대통령은 부시의 북한 무시 정책, 적대시 정책, 제재 정책이 북한의 핵실험을 야기했다고 말했다.

2006년 10월 9일, 부시의 핵 선제공격 발언이 나온 지 4년이 지난 시점에 북한은 핵실험을 했다. 이 발언은 2001년 미국이 9·11 테러를 당한 뒤 2002년 6월에 나온 것으로, 즉 북한과는 상관이 없는 9·11 테러 행위에 대응한 발언이 결국 한반도에 매우 부정적인 영향을 끼친 것이다. 따라서 북한에 대한 핵무기 선제공격 발언을 취소하는 것이 한반도 평화 정착에 도움이 될 것이다. 현 상황에서 대북 선제공격전략을 추진하거나 일부 일본과 미국 정치인들[윌리엄 페리(William Perry), 스티븐 솔러즈(Steven Solarz), 존 매케인(John McCain) 등][10]이 선제공격 논의와 이에 대한 주장 및 시도를 하는 것은 한반도를 전쟁터로 만드는 위험을 조장하는 것이라는 점을 인식해야 한다. 한반도는 한민족이 관리해야지 외부인이 핵으로 관리하려 해서는 안 된다. 전쟁이 일어나면 거기서 이익을 얻는 특수한 소수의 사람들을 제외한 한민족은 희생 제물이 되고, 한반도는 멸망의 길로 들어서기 시작할 것이다.

---

10) 이들과 일본의 몇몇 정치가들이 비교적 은폐된 자신들의 집단모임에서 북한에 대한 선제공격을 주장하고 있다. 이런 입장에 대한 북한의 대응은 핵무장을 더욱 강화하는 것으로 이는 근본적인 평화에 도움이 되지 않는다.

오바마의 대북 정책

오바마 대통령은 북한에 대한 과도한 추가 제재를 자제하고 평화협정을 체결해 "인도적이며, 개발 목적의 비군사적인 목적의 협력을 하도록" 규정한 유엔(UN) 안전보장이사회의 대북제재결의 1874호(이하 유엔 안보리 결의 1874호)를 실천해야 근본적인 문제 해결에 도움이 된다는 점을 인지하고 북한에 대한 경제협력과 인도적 협력을 추진함으로써 지속가능하고 항구적인 평화를 이루어야 한다. 그렇지 못할 경우 오바마의 대북 정책은 결국 부시보다 뒤떨어진 전쟁 도발 정책으로 전락할 수 있다. 오바마가 '오바마-부시'가 되었다는 말을 불식시켜야 한다.

북한과의 경제협력과 경제 공생 정책을 펴면 오늘날 미국의 경제 회복에도 근본적인 도움이 된다. 북한이 보유한 지하자원의 가치는 한화 7000조 원에 달하는 것으로 알려져 있는데, 이 수치는 황해도 평산 광산에 매장된 북한의 희토류와 2600만 톤의 우라늄은 포함하지 않은 것이다. 이를 포함하면 1경 원 이상의 천문학적 수치가 된다. 미국은 북한이 미국과의 국교 정상화를 원하고 있다는 것을 깨닫기만 하면 된다.

오바마는 조건 없는 북·미 평화협정을 신속히 체결하고 패러다임을 전환해야 미국에 이익이 되고, 미국 경제도 살아난다는 것을 알아야 한다. 북한과의 교류는 미국과 한국의 경제 회복에 블루오션이 될 것이다.

지속가능한 평화전략: 조건 없는 평화조약의 체결과 실천

미국과 일본은 북한에 대한 제재 수위를 하향 조정하고, 근본적으로 평화협정과 외교·경제협력관계를 수립해야 한다. 북한과의 적극적이고 지속가능한 경제협력이 선행되지 않는 평화 정착은 허구다.

　이를 위해 우선 개성공단을 적극적·파격적으로 활성화시켜야 한다. 개성공단 문제를 경제 논리로 풀려면 토지 문제에 확실하게 시장경제적으로 접근해야 한다. 즉, 국가는 투자 기업을 적극적으로 지원하겠다는 의지를 보여야 하며, 북한과의 토지 계약 시에도 시장경제 논리로 접근해야 한다. 홍콩과 중국이 일국양제(一國兩制)로 문제를 풀어 경제 번영을 이룬 것을 배워야 한다. 만약 6·15선언의 틀 안에서 개성공단 문제를 풀려고 하면 확실하게 6·15선언과 10·4선언의 경제 공동체 방식과 민족경제 살리기 방식으로 접근해야 한다. 엉거주춤하는 동안 경제 파탄이 올 수 있고 평화가 파괴될 수도 있다. 확실한 방향으로 정책을 택해야 한다. 6·15선언과 10·4선언을 파기하고 문제를 풀려 한다면, 즉 노무현 정책이라면 무엇이든지 거부하겠다면(All but Roh), 노무현과 김대중의 정책보다 더 파격적이고 큰 틀에서의 한반도 경제협력 선언을 하면 된다.

　이종석 전 통일부 장관은 북한에 퍼 주기했다고 비난 받는 29억 달러 중 11억 달러는 현대 정주영, 정몽헌이 북한에 개성과 금강산 사용권으로 준 것이며, 18억 달러는 상업 거래로 지불한 것이라고 증언했다. 11억 달러를 제공한 현대에서 일하던 사람들 중 다수가 이명박 정부의 요직에 있었고, 현 박근혜 정부에서도 요직에 있다.

　노무현의 10·4선언과 김대중의 6·15선언을 더 큰 틀로 포괄하고 초극하는 길은 지금까지의 모든 전쟁 행위를 평화 경쟁으로 전환하고, 남북한의 경제를 살리기 위해 일심동체로 동포 사랑을 실천하는 것이다. 영원한 가치는 북한을 압박하고 제재하는 것이 아니고, 남북한이 조건 없이 동포 사랑을 실천하는 데 있다. 북한과 일본 역시 조건 없는 평화조약을 맺고 평화 선언(북·일 평양 선언)을 실천하는 것이 최선의 지속가능한 평화(Sustainable Peace) 전략이다.

굶주리는 북한 민중에게 조건 없는 사랑(unconditional love)으로 식량과 식량 생산체계를 선물할 수 있어야 한다.

핵무기보다 더 큰 틀로 나아가야 한다

핵문제를 풀어야 한다. 핵문제는 핵보다 더 큰 것, 핵보다 더 무서운 것으로 풀 수 있다. 그렇다면 핵보다 더 무서운 것은 무엇인가?

핵문제를 풀려고 하다가 민족 생존을 위한 경제를 망치면 안 된다. 핵보다 더 무서운 것이 민중과 경제이다. 핵문제를 잘못 풀면 한민족 경제가 망할 수 있고, 한민족 자체가 멸망에 이르는 위기 상황에도 직면할 수 있다. 그런데도 우리의 내면에는 안보 불감증, 민족 붕괴 불감증이 깊이 자리 잡아 둥지를 틀고 있고, 이 둥지가 점점 더 확고하게 확장되고 있다. 이것은 민족의 위기이다.

핵무기보다 더 큰 틀은 남북한 경제 공동체가 되어야 하고, 이는 조건 없이 시작되어야 한다. 남북한 경제 공동체는 핵이 장애가 될 수 없을 만큼 높은 차원으로 나아가야 한다. 핵무기보다 위대한 것은 남북한이 동포 사랑으로 단결하는 것이다.

남북한의 생명을 살리는 공동체를 핵무기로 억압해서는 안 된다. 이미 핵무기를 대량으로 소유한 파키스탄, 인도, 이스라엘, 영국, 프랑스, 중국, 러시아, 미국이 공동의 경제 번영과 공생을 위해 엄청난 상호 평화 정착을 이루었고, 서로 경제협력, 과학협력, 우주협력, 핵에너지협력을 하고 있다는 것은 무엇을 시사할까? 바로 핵무기보다 더 큰 틀이 있다는 것을 말하는 것이다. 핵무기 몇 개 때문에 7000만 명이 죽는 일이 일어나서는 안 되고, 인간의 자유를 포기하는 공포 테러 정치를 해서도 안 되며, 민족이 원수가 되는 전쟁을 해서도 안 된다. 또한 새로운 노예경제로 전락해서도 안 되며, 한반도에서 전쟁을 일으켜 이익을 얻으려는 특정 인물들의 음모에 말려들어가는 어리석은 결정을 해서도 안 된다.

북한도 이에 대응하는 평화협정을 조건 없이 체결하고, 과도한 군사적 판단을 자제하고, 미국, 일본, 한국과 모든 평화적인 관계를 수립해야 한다. 미국은 북한이 경제적인 난관에서 회생할 수 있도록 적극적인 경제 지원을 하고, 경제적인 공영, 공생의 길을 모색해야 한다. 북한 또한 미국과의 경제 공생관계를 구축하고, 경제 공리를 위해 미국과의 적대관계를 영구적으로 청산하도록 노력해야 한다. 이와 동시에 미국은 대북 경제제재를 취소해야 한다.

2

/

남북한과 일본의 지속가능한 평화전략

유엔 안보리 결의 1874호 이후 오늘날 남북관계는 갈등이 더욱 고조되고, 지역 전투 발발 가능성 또한 높아졌다.

이러한 바람직하지 않은 남북관계를 전환시키는 것은 국민 전체의 생명을 보호하기 위한 권리이고, 행복 추구의 자유를 지키기 위한 헌법적인 권리이다. 한반도에서 전쟁을 막고, 행복을 추구하며, 국민 전체의 불안을 해소하기 위한 최선의 전략은 무엇인가?

전쟁과 남북한 멸망 가능성

남북한은 상호 멸망할 것인가? 북한이 원자력발전소를 자체적으로 건설하겠다고 하는데, 이를 막을지, 지원할지, 그대로 둘지 등 이에 대한 대책을 세워야 한다.

북한이 핵무기를 4~5기 이상 만들지 못하게 묶어놓고, 북한 경수로 공사를 완료시키며, 북한과의 경제 공동체를 만들어 서로 번영하는 상태[셀리그 해리슨(Selig Harrison)의 제안]로 갈 것인가? 북한에 대한 금융제재, 군사 압박, 선박 검색 압류(proliferation security initiative: PSI) 등을 통해 북한이 핵무기를 파기하도록 유도할 것인가?

개성공단 폐쇄, 금융 제재, 군사 압박, 무기 확산 금지 작전 등으로 북한 경제에 약 8%의 손실을 줄 수 있다고 할 경우 북한을 붕괴시키는 효과가 있는가에 대한 답은 부정적이다. 반면에 중강도(中强度, middle intensity) 남북한 군사 충돌 시 한국 경제는 금리가 상승하고, 신용 평가 등급이 B로 하락해 투자부적격 국가가 되는 등 그 타격이 지대하다. 또한 고강도(高强度, high intensity)의 핵전쟁 발발 시 한국은 초토화되고, 북한 역시 초토화될 수 있다. 일본군과 미군의 한반도 주둔이 가능해지고, 일본을 앞세운 한반도 통치가 미군 통치 형태로 들어올 수 있다. 즉, 1945년의 형국이 반복되면서 1000만 명 이상의 사상자가 발생할 수 있고, 결국 통일은 이루지 못할 것이다.

일본의 재침략과 일본의 핵능력

한국의 국방과 산업 자주를 위해 재처리 공장을 확보해야 한다. 그리고 일본과의 대결에서 국방을 견지하려면 일본이 43톤 정도의 플루토늄 약 70%의 순도를 확보하고 증가시키고 있는 것에 비례해서 플루토늄을 보유하고 핵 재처리 공장도 2017년 이내에 완공해야 한다. 재처리 공장은 일본의 재침략을 막을 수 있는 길이다.

요엘서 3장 10절에서 보습을 쳐서 칼을 만들라고 했다. 미가서 4장보다 요엘서에 이 말이 먼저 기록되었다. 약자를 강하게 만드는 예언이다.

일본은 한 달 내에 핵무장을 할 수 있는 모든 준비가 되어 있다. 중국도 이를 크게 경계하고 있고, 일본은 다시 미국을 공격할 수 있는 약 2000개의 핵탄두를 제작할 원료를 확보하고 있으며, 대륙간 탄도탄을 운반할 수 있는 미사일(H2A, H2B)을 보유하고 있다.[1] 일본은 때가 되면 기습 공격을 할 능력이 충분하다. 이는 한반도에 더 위험한 상황이라는 것을 인식해야 한다.

일본 아베 신조(安倍晋三) 총리는 오바마 대통령과 일대일로 대등하게 외교를 하겠다고 발표함으로써 더 이상 미국의 지배를 받지 않고 미국에 대해 군사적으로 열세에 있지 않다고 천명했다. 일본의 문화적·역사적 재침략 의도는 독도가 일본 영토라고 주장하는 데서 극명하게 나타났다. 또한 한국 내에 친일 청산 노력에 대한 강력한 저항이 있다는 것을 통해서도 일본 세력이 한반도에 이미 상륙해 있음을 알 수 있다. 일본이 1945년 8월 15일 한반도를 떠난 것이 아니라 미 군정의 결정에 따라 그대로 남아 군부, 경찰, 학계, 문화계, 언론계 등을 지배해온 것이 현실 권력의 구조이다.

일본이 기습 공격을 하지 않을 것이라는 것은 추측이자 소망일 뿐이다. 추측이더라도 일어날 수 있는 현실에 대한 준비를 하는 것이 국방부의 역할이고 책임이다. 일본 의원의 17% 이상이 일본이 핵무기를 보유해야 한다고 생각한다는 조사 결과는 이미 몇 년 전의 통계이고, 현재는 더 증가했을 것이다. 일본이 한반도를 재침략할 경우 한반도 내에 있는 일본 세력은 이와 결탁한 합동 작전을 펼칠 것이다.

---

1) 대륙간탄도탄, 미사일 등의 용어는 경우에 따라 두 가지 기능을 모두 가지고 있기 때문에 혼용되는 것이 보편적이다.

남북관계 발전을 위한 조언 20

① 남북한은 상호 적대적인 관계를 즉시 청산해야 한다. 상호 비방을 중지하고, 상호 군사적 긴장을 고조시키는 모든 행동을 중단해야 한다.

② 현재 핵 갈등 상황이 고조되어 있긴 하지만 식량 부족으로 겪는 북한의 고통을 없애기 위한 종합적인 협력을 즉시 과감하게 추진해야 한다. 북한에 비료 40만 톤과 식량 100만 톤을 지원해 시급한 식량난부터 종식시키는 것이야말로 한국이 북한에 보여줄 수 있는 최선의 행동 중 하나이다. 굶주리는 북한 동포에 대한 사랑으로 식량 문제를 근본적으로 해결할 수 있는 총체적인 식량 생산기지를 북한에 건설하고, 한국은 그에 필요한 장비, 묘목, 씨앗 등을 체계적으로 지원해야 한다. 또한 나무가 전혀 없는 160만 ha의 북한 산지에 밤나무 6억 그루를 심어 200만 톤의 밤 생산기지를 조성해야 한다. 비용은 5년간 약 200억~300억 원이 들 것으로 예상된다. 인도적 지원과 개발 지원은 유엔(유엔 안보리 결의 1874호)에서도 허용하는 것이다. 이러한 인도적 지원을 '현재의 상황에도 불구하고(In spite of 전략)' 추진할 경우에만 오늘날의 적대관계를 반전시키고 평화를 정착시킬 수 있다.

③ 현 정부는 1조 5000억 원(약 12억 달러)의 남북협력기금을 즉시 사용해야 한다. 작년 예산 중 사용하지 않은 약 1조 원까지 다시 북한 지원에 사용해야 한다. 정부는 이 기금을 북한에 적대적인 활동을 하는 데 사용해서는 안 된다. 북한을 적대하는 활동을 하는 민간단체를 지원하지 말아야 한다.

④ 정치적인 언론 플레이로 북한을 자극하는 것을 자제하고, 조용하고 실용적으로 남북한이 함께 하는 공동체를 건설해야 한다. 북한을 극도로 모욕, 인신공격, 비하하는 표현을 자제하고, 군사적인 행동이나 표현을 삼갈 필요가 있다. 악의 축, 부도덕한 국가라는 표현보다는 함께 사는 평화

공동체로 나아갈 수 있도록 하는 용어를 사용해야 한다.

⑤ 6·15선언과 10·4선언을 즉시 실천하고, 지금 할 수 있는 프로그램을 현재의 예산으로 가능한 수준에서 시작해야 한다. 북한이 요구하는 개성에 기숙사와 탁아 시설을 건설하는 것은 지금 시작해도 좋다. 인도적인 사랑의 실천이나 한반도 전체를 살리는 경제 공동체 건설은 '핵에 대한 보상'의 문제가 아니다. 의연하고 지속적으로 지금 할 수 있는 것부터 하나씩 실천하는 것이 평화 유지를 위한 가장 좋은 전략 중 하나이다. 한국이 북한을 '무슨 일이 있어도' 동포로 대하고, 갈등을 전쟁으로 풀지 않겠다는 것을 행동으로 보여주고, 북한이 겪는 고통의 심층을 이해하고, 근본적으로 관계를 개선하는 것이 그들의 이익을 위해 한반도를 전쟁터로 사용하려는 외세의 전쟁 도발을 막는 길이며, 한민족 내부의 불필요한 갈등을 자주적으로 해결하는 대안이다. 남북한이 단결할 때만 한반도는 번영할 수 있고, 공생, 공영, 공리할 수 있다.

⑥ 서로 인내하는 모습을 보여야 한다. 인내가 전쟁을 막고 평화의 기초가 된다.

⑦ 일본의 위협적인 움직임에 제재와 압박을 가해야 한다. 일본은 로널드 레이건(Ronald Reagan) 전 미국 대통령 재임 기간 중 로비를 해서 핵 재처리에 관한 모든 작업을 완성했다. 플루토늄 43톤 축적 등 핵 재처리 공장 가동, 대륙 간 탄도 로켓 'H2A' 보유 및 과도한 군사화를 유엔, 전 세계와 힘을 합쳐 중단시켜야 한다. 또한 한국은 일본의 핵능력에 대응하는 대책을 마련해야 한다. 유비무환이다. 일본의 핵능력 보유를 유엔, 유엔 안전보장이사회, 국제원자력기구(International Atomic Energy Agency: IAEA), 미국이 묵인하도록 그대로 보고만 있어서는 안 된다. 재난이 올 것이다. 나아가 미국과 일본이 군사동맹의 틀 안에서 한반도 전체를 대리 전쟁터(proxy war field)로 사용해 국지전을 하겠다는 결정을 내리지 않게 해야 한다.

⑧ 일본은 북한에 대한 식민지 지배와 대량살상, 일본군 성노예(sexual slavery)에 대해 사죄하고, 배상금 200억 유로를 지불해야 한다. 일본과 북한은 조건 없는 평화협정과 국교 수립을 하고, 일본은 모든 대북제재를 취소해 지속가능한 평화를 만들어야 한다.

⑨ 미국은 북한과 평화협정을 체결하고, 국교를 정상화하며, 북·미 평화 경제협력을 해야 한다.

⑩ 전 세계 모든 국가가 동시에 핵무기를 감축하고, 더 이상 생산하지 말아야 한다. 특히 핵무장 5대 강국과 인도, 파키스탄, 이스라엘은 즉시 핵무기를 폐기하는 모범을 보여야 한다. 일본은 핵물질 보유 권한을 파기해야 한다. 이러한 모범적인 행동을 보이면서 북한에 핵 폐기를 요구하는 것이 합리적이다.

⑪ 개성공단 2000만 평을 발전시키기로 한 합의에 따라 2000만 평을 산업화하는 작업을 조건 없이 즉시 적극 추진해 남북한 경제를 살려야 하고, 일시적인 정치 상황에 따라 중단하지 말아야 한다. 북한과의 대화에서 한국이 이런 안을 먼저 제시하는 것이 좋다.

⑫ 금강산 관광을 즉시 조건 없이 재개해야 한다.

⑬ 북한에 식량 및 농업 지원 등의 협력 사업, 문화 사업을 하는 민간 활동을 조건 없이 지원해야 한다.

⑭ 미국은 북경합의(2005. 9. 19) 제1조에 있는 대로 북한 경수로 건설에 대한 협의를 시작해야 한다.

⑮ 미국은 대북 적대관계를 근본적으로 청산하고, 우호 친선관계로 전환해 북한과의 정상급, 장관급 방문 및 회담을 적극 추진해야 한다. 나아가 북한에 대한 적대적인 발언을 자제하고, 상호 경제협력하며, 제네바합의를 실천해야 한다. 미국이 인도, 파키스탄, 이스라엘, 러시아, 중국 등과 친선관계를 맺고 있는 것과 같이 북한과도 친선관계를 맺는 것이 근본적으로

평화를 지키는 길이다.[2]

⑯ PSI 전면 가입보다 더 높은 평화 정책적인 결정을 해야 한다. 전쟁 촉발로 한걸음 나아가는 것보다 더 높은 차원에서 남북한이 평화적인 관계를 정립할 수 있도록 해야 한다. 한국은 북한이 핵실험을 하더라도 인내하고 북한의 핵무장보다 더 높은 평화 수단을 제시해야 한다.

노자는 "훌륭한 장군은 적이 1보 전진할 때 3보 후퇴함으로써 승리하는 전략을 쓴다. 이 전략은 적이 상상하지 못하고, 대응하지 못하는 전략이기 때문이다"라고 말했다. 북한이 핵실험을 하고 단거리 미사일을 발사하는 것이 우리에게 1보 전진하는 것이라고 할 수 있다면 우리는 3보 후퇴해야 한다. 그것이 오히려 북한과의 대결에서 더 큰 승리를 하는 길이다. 이는 북한이 예상하지 못하는 전략이기 때문이다.

미국은 북한의 핵능력에 대응해 서로가 서로를 죽일 수 있는 핵무기 능력을 보유한 상태인 상호확실파괴(mutually assured destruction: MAD)의 핵우산(nuclear umbrella) 역할을 한다. 미국의 핵무력은 북한 핵무장의 수십 만 배에 달하고, 63억 명의 전 인류를 여러 번 사상시킬 수 있는 수준이다. 따라서 북한이 보유한 50kg 수준의 플루토늄 폭발력에 불필요하게 과잉 대응하는 것이 오히려 평화를 파괴하는 것이다.

따라서 PSI를 북한뿐 아니라 모든 핵무장 국가에 공평하게 적용해야 한다. 북한 외에도 이스라엘, 파키스탄, 인도, 영국, 프랑스, 미국, 중국, 러시아 등 모든 핵무장 국가에도 동일하게 검색과 제재를 가해야 공정한 것이

---

2) 촘스키는 이스라엘계 미국인으로서 이스라엘이 비밀리에 핵무기 수백 기를 제조해 왔는데도 유엔이나 국제사회, 미국 등이 전연 제재를 하지 않으면서 다른 나라들, 특히 북한에만 강력한 제재를 하는 것은 공정하지 않다고 비판하고 있다. 동시에 핵무기들을 엄청 많이 소유한 미국, 이스라엘 등도 비판한다. 그는 미국이 회개하도록 촉구하는 대표적인 미국 교수이다.

다. 핵무기를 확산시켜온 주범은 바로 핵무장 5개 국가들이었다. 북한을 적으로 대하는 것은 가장 어리석은 전략이다. 적대관계를 우호관계로 바꿔야 한다.

⑰ 현재의 경제난을 타계하기 위해 한반도를 전쟁터, 다시 말해 희생양(scapegoat)으로 삼으려는 극소수의 숨어 있는 세력의 부도덕한 기획을 경계하고, 말려들지 말아야 하며, 그 악한 음모를 제거해야 한다. 한국전쟁 발발 당시 일본은 만세를 불렀다. 일본 경제가 완전히 호황으로 전환된 것이다. 남북한을 전쟁으로 유도하려는 제3의 세력(The Third Force)은 남북한을 분단시키고 전쟁으로 이끌어 이익을 추구하는 세력이다. 즉, 남북한을 분열시킨 뒤 정복하려는 전략을 사용하면서 영구 분단을 강화하는 것이다.

⑱ 남북한은 운명 공동체이다. 해결의 실마리는 여기서 시작해야 한다.

⑲ 유엔 안전보장이사회는 북한에 대한 제재를 취소해야 한다. 유엔 안보리 결의 1718호, 1874호를 취하고 반대로 전환해서 북한에 대한 경제적 협력관계와 외교적인 친선관계를 맺어야 한다. 유엔은 핵무장을 하고 있는 파키스탄, 이스라엘, 인도 등에 전면 제재, 부분 제재, 유엔 안보리 결의 1718호, 1874호와 같은 수준의 제재를 가한 적이 없다. 북한에도 제재를 가하는 방식이 아니라 외교적인 방식과 경제 지원의 방식을 통해 근본적인 지속가능한 평화를 만들어야 한다.

⑳ 서해에서의 전쟁 방지를 위해 교전 규칙을 수정해야 한다.

유엔 안보리 결의 1874호 이후 북한의 대응과 한국이 해야 할 일

2009년 6월 초 북한이 네 가지 사안을 발표했는데, 그 내용은 다음과 같다. 첫째, 우라늄 농축을 해 원자력발전소를 짓고, 여기에 연료를 공급할 것이다. 둘째, 플루토늄을 모두 재처리해서 무기로 만들고 있으며, 이미 무기화에 성공했다. 셋째, 대륙간 탄도탄 수준의 로켓을 즉시 실험 발사할 것이다. 넷째, 유엔 안보리 결의 1874호에 의거 북한 선박에 승선해 압류하는 행위 등을 전쟁 선포로 알고 대응할 것이다.

한국은 이러한 북한의 입장에 대응할 방법을 제시해야 한다. 현재의 압박 방식으로는 북한이 이처럼 강경한 입장을 철회할 가능성은 희박하다.

전 주한 미국 대사 스티븐 보즈워스(Stephen Bosworth)는 이러한 상황에서도 북한 주민들이 피해를 입지 않아야 한다고 발표했다. 따라서 북한 주민들의 생계를 위한 지원으로 북한에 400만 톤의 식량을 생산할 수 있는 기지를 만들 계획을 추진할 필요가 있다. 이에 필자는 다음과 같은 지원을 제안한다. 지금부터라도 키가 작은 사과나무,[3] 감나무,[4] 밤나무 등을 대량으로 심는 작업을 시작해 약 4~5년 후에는 북한 주민들이 수확을 할 수 있도록 한다. 민간단체들은 사과 씨앗과 감 씨앗, 복숭아 씨앗, 밤을 모아 북한에 유실수 단지를 건설해 평화적인 관계를 만들 것을 제안한다.

또한 전문가들의 지도하에 북한에 첨단 농법을 도입해 유대(어린 나무) 접목, 뿌리 접목 등을 해야 한다. 2007년에 '한민족어깨동무재단'은 밤나무를 10만 그루 심었고, 구세군은 금강산 지역에 3만 그루를 심었다. 6억 그루를 심는다고 가정하면 150만 톤 이상의 밤을 수확할 수 있다. 북한에 버섯 재배단지를 만드는 것도 도움이 된다. 북한의 모든 가정에 채소, 토마토, 버섯 등을 심을 수 있는 작은 텃밭을 만들어주는 것도 좋다. 북한의 자

---

3) 키가 사람 어깨 정도 되는 작은 사과나무는 관리가 편하며, 평양 중심 지역에서 이미 2년간 자란 것을 필자와 백승인 장로가 확인했다.
4) 2014년 평양을 방문한 필자는 보통강려관 앞마당에 약 8cm 지름의 감들이 열려 있는 것을 발견했다.

투리땅을 모두 밭으로 일궈 콩 등의 작물을 생산하는 '자투리땅 식량 기지화 운동'을 해야 한다.

아울러 한국의 인공위성 발사 능력은 세계적인 수준이므로 북한의 장거리 로켓 발사 능력과 협력해 남북한이 함께 인공위성을 발사하는 방안을 만들어 외국의 도움 없이 인공위성을 300km 이상 상공에 올려놓도록 하는 것을 제안한다. 미국과 소련의 적대관계를 푼 것은 바로 소련과 미국의 우주공학자들이었다. 양국이 서로 협력해서 우주 공간 개발을 한 것이다. 이것이 미국과 소련의 평화적인 관계로의 전환에 시동을 걸었다. 남북한도 우주 공간 개발에 함께 협력하면 전쟁을 막고, 적대관계를 청산하며, 공생, 공영, 공리의 관계로 나아갈 수 있을 것이다. 현재도 텍사스 휴스턴 나사(NASA)에서는 러시아, 미국, 일본이 협력해서 우주 발사체들과 우주정거장들을 개발하고 있다. 이것이 평화적 관계를 만드는 열쇠 중 하나이다. 따라서 남북한도 우주 개발 협력을 시작해야 한다.

현재 한국 통일부의 연 예산은 1조 5000억 원 수준이다. 이 금액을 적극 활용해야 한다. 높은 차원에서의 남북한 통일 경제를 만드는 것이 중요하다. 일시적이고 적대적인 대응을 넘어 장기적인 평화 경제, 경제 통일 방향으로 나아가야 한다.

즉시 평화적 경제 통일을 추진하는 것이 한반도에서 전쟁을 일으켜 이익을 얻으려는 특정 집단[다국적 군수산업(multinational military complex)과 군수정치집단(military political complex)]의 잘못된 생각을 전환시키는 길이다.

3

/

한반도 평화를 위한 북한과 미국의 관계 재설정

북한이 핵을 완전하고도 돌이킬 수 없고, 증명할 수 있게 폐기하게 하기 위해 해야 할 일은 무엇인가? 미국은 핵 없는 세상을 추진하겠다고 선언했다. 그러나 미국 자신은 1500개 정도의 핵무기를 계속 가지고 있겠다는 입장이다. 북한은 미국이 이러한 입장을 견지하는 상황에서 완전히 핵을 폐기하겠다고 답하기 어려울 것이다. 2003년 이라크가 붕괴되고 미군에 의해 점령당하는 것을 보고, 북한은 더욱더 핵을 최후까지 보유하고 있어야 한다고 판단했을 것이다. 즉, 비핵화하면 이라크처럼 점령당하고 살상이 지속되어 초토화될 것이라고 판단했을 것이다.

1994년의 제네바합의를 실천해야 대화의 물꼬가 트일 것이다. 북한이 원자력발전소를 완성해 250만kw의 전력을 생산했다면 350만 명이 기아로 죽는 일은 막을 수 있었을 것이다.

따라서 첫째, 제네바합의에서 약속한 대로 원자력발전소를 완공하는 방안을 추진해야 한다. 다시 공사를 시작하면 2019년 정도에는 완공할 수 있을 것이다. 그러나 현재 북한은 미국의 도움 없이 스스로 경수로 공사를 진행하고 있다. 미국이 교묘한 방식으로 북한이 붕괴되도록 시도했으나 북한은 아직 건재하고, 더구나 이미 핵무기의 다양화·경량화에 성공했으며, 평산 우라늄 광산도 대규모로 확장 개발하고 있다.

미국은 북한과 모든 것을 다시 협상해야 할 것이다. 경제제재를 완화하겠다고 한 약속을 지키고, 약속한 대로 외교 관계 수립을 이행하고, 평화협정을 맺어 경제협력을 해야 한다. 이것이 그랜드 바겐(Grand Bargain)[1]이나 패키지 딜(package deal)이다.

유엔 안보리 결의 1874호에는 예외가 있다. 인도주의적인 지원과 개발 지원은 지속한다는 것이다. 2005년 북경합의 제1조에는 북한은 핵을 폐기하고, 5개국은 원자력발전소와 경수로 건설 준비를 논한다고 되어 있다. 이 약속을 지키는 것이 그랜드 바겐이다. 짓고 있는 원자력발전소를 외부에서 폭격한다는 위협이 있으면 북한이 그랜드 바겐을 수용할 리 없다.

경수로 건설은 북한이 20년간 비용을 상환하도록 한 것이지 퍼주기가 아니다. 한국이 북한에 쌀과 비료 등의 인도적 지원, 경협, 인적 교류를 하고 금강산 관광과 개성공단을 20배로 확장해 현재의 100만 평 공장을 가동하고 있으나 처음 약속한 대로 2000만 평 건설을 완료해야 한다. 이렇게 가동하면 남북한이 경제 통일의 길로 나아가기 시작하면서 안보가 강화되고, 경제 발전의 초석이 될 것이며, 실업을 줄이는 길이 열릴 것이다. 이곳에서 4만 명의 노동자가 일하는 것을 20배로 늘려서 80만 명이 일하도록 하는

---

1) '서로 줄 것은 주고, 받을 것은 받는다'는 철저하고 확고한 '행동 대 행동'의 원칙을 강조한 외교용어다. 미국은 이 용어 사용이 시기적으로 이른 감이 있고, 북한에 그릇된 인상을 줄 수 있다는 이유로 '결정적이고 포괄적인 해법(definitive, and comprehensive resolution)'이라는 용어를 선호하며 이 용어 사용을 거부했다. 그랜드 바겐은 단번에 거래에 합의해 끝내버린다는 방식이지만 한국 정부는 이 용어를 '막연하고 애매하게' 사용해온 듯하다. 이러한 점에서 '애매전술(Ambiguity Strategy)'이라고도 볼 수 있다.

것이 가능하다. 이 길이 그랜드 바겐이고, 안보와 평화의 진정한 물꼬를 트는 길이다. 이것은 과거 정부가 하지 않은 것들이다. 과거의 패턴을 종식시키고, 다른 패턴으로 해야 한다.

미국의 구원은 어디서 오나

구원받기 위해서는 미국이 개방되어야 한다. 미국은 '대북 친구 되기'를 해야 하며, 북한 또한 '대미 친구 되기'를 추진해야 한다. 북한과 미국, 남북한이 적이 아니라 친구가 되면 전쟁을 막을 수 있다. 친구 되기는 교회에서 실천할 수 있는 전문 분야이다.

미국의 구원은 어디서 오는가? 한국의 구원은 어디서 오는가? 미국은 북한이 피해 입은 자들 중 가장 작은 자로서 미국을 구원하는 역사의 실마리이자 촉매(catalyst)가 될 수 있다는 점을 방편으로 삼아야 한다.

오늘날 미국이 스스로를 봉쇄하고 있는 상황에서 북한에만 개방을 요구하면 북한은 분노한다. 미국이 먼저 북한에 개방하는 모습을 보이면 북한은 스스로 자주적으로 개방하고 발전시켜나갈 것이다. 이를 통해 미국, 한국, 북한이 모두 승리하는 대안, 즉 윈-윈-윈(win-win-win)을 만들 수도 있다. 필자는 북한이 미국 물건을 수입하고 싶어 하는 것과 미국에 수출도 하고 싶어 한다는 것을 잘 알고 있다. 따라서 대북제재만 취소하면 북한과의 무역을 통해 미국은 경제난에서 벗어나게 될 것이며, 이는 한국의 경제난 탈피에도 결정적인 계기가 될 것이다. 이러한 개방으로 북한이 미국 상품을 구입할 수 있게 되면 미국 경제도 살아날 것이고, 자연스럽게 북한 경제도 활성화될 것이다. 바로 이것이 북·미 관계 회복의 지름길이라고 할 수 있다.

4
/

분단 범죄와 강대국 지배전략

4단계 망각증 이론

일본의 한반도 지배전략[1]

1910년 일본의 강탈 범죄가 자행된 지 어느덧 106년이 되었다. 강자들은 약자들을 분열시킨 후 정복하는 전략을 구사해왔다. 오늘날 한반도의 분단은 1592년 일본의 도요토미 히데요시(豊臣秀吉)와 중국의 위학회(魏學會)가 '지역평화' 안으로 제시한 이후, 1894년 영국 외상 윌리엄 킴벌리(William Kimberly)가 조선 팔도를 양분해 각각 중국과 일본에 나눠 주자는 평화이론을 제시한 것에서 시작되었다. 강대국의 평화는 이처럼 한반도가 점령당하고 희생당함으로써 이루어졌다. 이는 한반도의 평화가 아니었다. 1905

---

[1] 새뮤얼 헌팅턴(Samuel Huntington)의 문화충돌 이론이나 과거 도미노 이론은 불충분하기 때문에 대폭 수정되거나 전환되어야 한반도 분단의 범죄가 드러난다. Samuel Huntington, "Clash of Civilizations?," *Foreign Affairs*, Vol. 72, No. 3(1993).

년 미국과 일본의 가쓰라-태프트밀약(The Katsura-Taft Agreement)으로 한반도가 점령되고, 1945년 미·소가 양분되었으며, 더글러스 맥아더(Douglas MacArthur) 장군 명령 제1호에 따라 한반도가 삼팔선으로 양분된 이후 분단의 역사는 지금에 이르렀다. 분단의 기초는 강대국들의 분단전략이었고, 남북한이 이를 극복하지 못한 데 기인한다. 즉, 강대국의 이익을 위해 분단되었고, 한반도 민중과 인민은 피와 죽음의 희생양이 된 것이다. 이를 극복해야 한다.

일본은 잔인한 학살과 강제 노동, 납치, 억압, 인권유린, 식량 약탈 등을 자행했고, 한국에서는 이에 대한 '저항 투쟁'이 있었다. 하지만 미국과 소련은 한반도를 분단했고, 한국에는 일본 세력을 남겨 미국 지배의 틀을 만들었다. 한반도가 분단되고 지배당하게 된 원인은 미국과 영국의 지지를 받은 일본 식민 정복 통치, 미국과 소련의 분단 정책이다. 일본이 분단이 통일로 나아가는 것을 막고 있다. 주변 강대국들은 모두 한반도 분단을 강화시키면서 겉으로는 통일을 지지한다고 말한다. 그것은 위장된 거짓 통일 주장이다.

가쓰라-태프트밀약은 범죄였다. 이에 대한 보상과 배상, 사과, 회개가 필요하다. 115년 된 이 밀약은 지금도 진행 중일까? 30~50% 이상 진행 중이라고 평가할 수 있다. 일본은 한국과 공조해 북한을 붕괴시키려는 작전 Oplan 5029와 유엔 안보리 결의 1874호에 보이게 혹은 보이지 않게 관여하고 있고, 한·미·일이 공조해 북한을 분단의 조각으로 압박하고 있다. 분단전략이 여전히 지속되고 있는 것이다. 이것을 초극하려면 어떻게 해야 할지를 생각해야 한다.

이 구도를 넘어서는 정상회담은 패러다임의 전환이다. 패러다임 전환의 시작은 통일의 첫 삽이 떠지는 2016년이 될 것이다. 분단을 지지하는 세력을 제거하면서 외세가 더 이상 분단을 지속시키지 못하도록 판을 짜고 남

지속가능한 평화와 통일전략

북한이 경제, 에너지 통일을 먼저 추진해야 한다. 핵은 그 속에 포함된 작은 부분집합에 지나지 않다. '빈대 잡으려다 초가삼간 다 태우는' 우를 범하지 말아야 한다.

2009년 12월 김영진 의원을 중심으로 한 한·일 기독교 국회의원 세미나가 열렸다. 이 세미나에서 일본과 한국의 국회의원들은 북한의 핵 폐기를 위해 공조하자는 선언문을 채택했는데, 이는 과거의 패러다임에 묶여 있는 선언이었다고 할 수 있다.[2] '한반도를 분단시키고 한·일이 단결하는 구도'는 오늘날에도 문화, 종교, 군사, 정치, 사회, 경제, 핵 등 각 부문에서 강화되고 있다.

계속된 망각증

첫 번째 망각증

미국은 북한에 대해서 꾸준히 이중적인 태도를 보였고, 거의 모든 약속을 지키지 않았다. 그 내용을 살펴보면 다음과 같다. ① 미국은 북한의 원자력발전소(태천, 영변) 자체 공사를 폭격하겠다고 위협해놓고(1994. 6), 북한에 원자력발전소를 공급하겠다고 했다(1994. 10). ② 미국은 북한을 핵무기로 선제공격하겠다고 하고는(2002. 6) 북한에 평화체제를 만들겠다고 했다. ③ 미국은 북한에 가하던 경제제재를 완화하겠다고 했지만(1994) 여전

---

2) 일본의 자금 제공으로 크리스천 아카데미에서 열린 국제종교인협의회에서 역시 성명서가 채택되었다. 2009년 11월 말, 일본은 총력을 다해 문화, 종교, 군사, 정치에서 이 구도를 활용하고 있다. 북한은 역시 적대적으로 취급되고, '분단 후 한·미·일 공조'로 북한을 처리하는 구도가 진행되었다.

히 경제 압박의 강도를 더욱더 높이고 있다. ④ 미국은 북한과 외교 관계를 수립하겠다고 했지만(1994) 아직도 북한은 국제사회에서 고립되어 있다. ⑤ 미국과 4개국(중국, 러시아, 남한, 일본)은 북한에 경수로 준비를 논하겠다고 했지만(2005. 9. 19, 북경합의 제1조) 아직도 완성되지 않았다. ⑥ 미국과 일본은 중유 95만 톤을 매해 북한에 지원하겠다고 했지만(1994) 이 또한 이루어지지 않았다.

미국이 이 모든 것들을 위반한 후 그에 대한 대응으로 북한이 다시 국제사회와의 약속을 위반하는 일이 빈번히 발생하고 있다. 해결안은 미국과 일본이 1994년 이후의 약속을 지키는 것이다. 미국, 일본, 중국, 러시아는 한반도 실질 분단 강화정책을 철회하고 북한과 친구가 되어야 한다. 북한도 친미 정책을 쓰는 것이 좋고, 일본과 수교해 제재를 풀고, 유엔도 즉각 북한에 대한 제재를 완화해야 한다.[3]

무엇보다 제네바합의를 실천해야 이야기의 물꼬가 트일 것이다. 미국은 5년 이내에(1994~1996년 이전) 북한이 붕괴되어서 2003년에 경수로를 건설할 필요가 없을 것이라는 계산을 하고 제네바합의를 한 것이었다. 만들지 않을 것을 계산하고 만들어주겠다고 한 것이다. 공산권이 붕괴되고 소련까지 해체되었지만 북한이 붕괴되지 않은 것을 보면 미국의 예측에 근본적인 오류가 있었음을 알 수 있다.[4]

두 번째 망각증

2005년 북경합의 제1조에는 북한은 핵을 폐기하고 5개국은 북한에 원자

---

3) 특히 유엔 안보리 결의 1874호를 취소해야 한다.
4) Oplan 5026~5030, 8022를 참조할 것. 북한 붕괴 계획은 Oplan 5029로 진행되고 있다. 전에는 ConPlan 5029였으나 한국과 미국이 붕괴 추진 계획을 수정, 강화했다.

력발전소 준비를 논한다고 되어 있는데 이 또한 망각했다.5) 이것이 두 번째 망각증이다. 한국 원자력발전소 판매 회사들은 북한에 발전소를 공급함으로써 돈을 벌고, 수출의 길을 열 수 있다. 현재 중동 등에 원자력발전소를 수출하는 것을 목표로 하고, 북한 경수로 공사를 중단, 파기한 것은 한국 원자력발전소 기업에 큰 손실을 야기했으며 북한에는 23년 이상(1996~2019년)의 전력 손실과 결정적인 경제 타격을 초래했다.

남북한은 원자력 에너지 공동체를 추진하고, 핵 통일을 해야 한다. 평산의 우라늄 광산과, 영변, 태천, 신포의 원자력발전소 건설이 중단된 것을 남북한이 공동으로 개발해 완공해야 한다.

세 번째 망각증

유엔은 유엔 안보리 결의 1874호 제19조의 예외 사항 중 '개발 지원을 지속한다'는 결정을 망각하고 있다. 이것이 바로 '북한 관련 망각증(amnesia)'이다.6) 진실을 외면하려는 무의식의 저항이 망각증으로 표출되는 것이다.

---

5) 필자가 라디오 프랑스 인터내셔널(Radio France International)의 분석 해설 봉사자(Analyst)로 일하던 시절 분석한 것이다(2009. 7. 23).

6) 세계선교와전도위원회(CWME), 전 미국교회협의회(NCCCUSA), 세계교회협의회(WCC), 미국장로교(PCUSA) 등의 단체에서 일한 빅터 슈(Victor Hsu)는 1984년 이래 대북 사업을 하는 가장 대표적인 미국 교회 전문가이다. 그는 유엔 안보리 결의 1874호에는 개발 지원은 없고, 인도적 지원만 있다고 강력히 주장하는 오류를 범했다. 이것은 중요한 심리 장애가 보편화되면서 해석 오류가 발생한 것이다. 홍콩에서 열린 도잔소(東山莊) 회의 25주년 기념 국제회의(2009. 10. 23)에서 필자는 그가 잘못 알고 있는 것을 바르게 수정해주고, 유엔 안보리 결의 1874호(2009년 10월 10일경)에 개발 지원을 하도록 되어 있다는 것을 명기한 추원(Tsue Wan) 성명서를 통과시켰다(그 원문의 일부를 이 책의 40쪽에 실었다). 최근 대북협력민간단체협의회(북민협)에서도 인도 지원만 논의되었고, 통일부도 개발 지원은 고려하지 않는 듯하다.

이 망각증을 이해하지 못하면 미국, 일본, 북한 관계의 오류를 찾아낼 수 없고, 유엔 사무총장 반기문의 오류도 찾아낼 수 없다. 해결의 실마리는 망각증을 분석하고 해체하며, 재구성하는 데 있다. 망각에서 깨어나야 민족이 산다.

네 번째 망각증: 미국, 영국, 일본의 식민지 정복 밀약 그 이후(1905~2010)
가장 큰 범죄적 망각은 1905년 일본이 한반도를 침략 정복할 때 미국이 이를 지원하기로 밀약을 했고(6월), 영국도 밀약을 한 것이다(7월). 이 3개국의 집단적 망각은 지속적인 영향을 끼치고 있다. 독도가 1905년부터 일본 영토였다고 주장하는 일본의 2단계, 3단계 전략은 한반도가 일본 영토라고 주장하는 동시에 북한을 미국과 함께 침공하고, 한반도를 초토화시킨 후 점령하는 것일 수 있다. 이 야망은 야스쿠니 신사, 집권 민주당, 패배한 자민당의 강령 등을 통해 짐작할 수 있다.
가쓰라-태프트밀약 1단계(1905), 2단계(1945), 3단계(1969), 4단계(1994~

2010)로 구분되는 미·일 간 밀약이 오늘날에도 여전히 한반도 분단을 지속적으로 강화시키고 있다.

악마 만들기 신학, 희생양 만들기 신학(theology of demonization, theology of victimization)

"토지는 하나님의 것이고 인간은 이를 나누어 사용해야 한다. 이는 희년(year of jubilee)의 명령이다(레위기 25장)".

북한에는 소작인, 종들로 토지개혁을 주도했던 강량욱 목사 등의 기독교인들이 있었다. 그들은 그들을 질식사시키려는 반대세력의 작전에 의해 봉쇄당해왔다. 강량욱 목사는 토지개혁위원회의 서기였고, 김일성은 위원장이었다. 당시에는 대부분의 기독교인이 많은 토지를 소유한 지주이자 자본주의자들이었다. 그들은 강량욱을 암살하기 위해 1946년 1월과 3월 두 번에 걸쳐 밤중에 그의 침실에 수류탄을 투척했다. 그 작전으로 강량욱 목사의 맏아들이 사망했고, 손님으로 방문해 그 방에 있던 강병석 목사가 부상을 당해 일주일 후 사망했다. 그들의 목적은 강량욱 목사를 제거해 토지개혁이 이루어지지 못하도록 하려는 것이었다. 토지를 돌려주라는 희년 경제를 반대하고 토지개혁을 반대했던 친자본주의적 세력 중 대다수의 기독교인들은 이들을 희생양으로 삼는 컨테인먼트(containment)전략7)을 사용했다. 군산 복합, 군산 정치 복합, 군산 종교 복합 세력이 북한을 질식사로 몰아온 것이다.

전 미 국무장관 콜린 파월(Collin Powell)은 1992년 상원 청문회(Senate

---

7) 냉전 시대에 방어와 견제를 위주로 한 미국의 대(對)공산권 봉쇄 정책이다.

제4장 분단 범죄와 강대국 지배전략

Hearing)에서 "몇몇 악마들이(few demons) 여전히 남아 있다. 이들을 제거하는 것이 사명"이라고 증언한 바 있다.[8] 전쟁 무기 장사치들과 관련 세력들이 이들을 희생양으로 만들면서 돈을 벌고 있는 구조를 전환시킬 필요가 있다. 토지가 없는 농민들과 가난한 사람들과 나누면서 사는 삶의 방식을 통해 토지 경제, 물질 경제의 나눔의 틀을 전환시키는 것이 진정한 경제 통일의 기초다. 물질 우상숭배에서 벗어나야 한다.

결론적 제안

한반도 통일을 방해하는 이러한 장애요인들은 6·15선언과 10·4선언에서 제안했던 통일비용 약 13조 원[9]보다 훨씬 적은 비용을 들여 없앨 수 있다. 다시 말해, 4대강 사업에 들어가는 약 27조 원보다도 훨씬 적은 비용으로 많은 일자리를 창출할 수 있고, 전쟁 발발의 위험성을 없앨 수 있다. 이뿐 아니라 통일 경제를 열고, 식량 통일, 핵 공동체 통일, 정치 통일의 기초를 단단히 쌓을 수 있다. 이는 2010년 국가 예산 293조 원에서 매해 0.5%만 써도 충분하다. 통일로 인해 발생하는 경제적·영적 생산성은 4대강 사업을 통해 창출되는 생산성으로는 따라올 수 없는 천문학적이고 혁명적인 것이다.

남북한의 통일을 추진하기 위해서는 강대국의 분단전략을 극복해야 한

---

8) 노정선, 『동북아 평화를 위한 패러다임의 전환』; 노정선, *Story God of The Oppressed: Joshua Syndrome and Preventive Economy*(한울, 2003); 노정선, *The Third War: Christian Social Ethics*(연세대학교출판국, 2000) 등 참고.

9) 추정된 계산이다.

다. 강대국의 지배 음모에 말려들어 분열과 분단을 영구화하는 것은 가장 어리석은 일이다. '폭발하고 있는 화산 정상에 누워 웃고 있는'[10] 망각증적 정신병에서 깨어나 정신을 바짝 차리고 오늘날까지 이어진 한반도의 분단을 극복하기 위해 노력해야 한다.

---

10) 김연철 교수의 상상적인 표현이다. 김연철, "지각 변동 분화구에서 한국만 졸고 있네", ≪한겨레 21≫, 2009년 12월 24일 자. 그러나 이 논리는 일본 핵무장 능력에 대비해야 한다는 전략에 대해서는 구체적으로 말하지 못하고, 한반도 비핵화만을 주장하는 위험한 오류에 빠져 있다. '들보는 보지 못하고 티만 빼려는' 시도를 하는 사람들 중에는 그래도 괜찮은 편이지만 근본적인 해결책은 아니라고 할 수 있다. 이역시 일종의 망각증이 있는 듯하다.

5

/

제국 신학 해체와 여호수아 착각 증후군 치료*
간디의 악용을 막는 길

제국 신학은 대량 학살 신학이다

현대는 폭력 사회이다. 제2차 세계대전에서 수천 만 명이 사망하고, 베트남 전쟁에서 300만 명 이상이 사망했으며, 캄보디아에서 200만 명 이상이 학살당하고, 1991년 이라크가 쿠웨이트를 침공하고 이어서 미국이 이라크를 침공했던 걸프 전쟁에서는 20만 명 이상이 사망했다. 또한 2003년에는 미국의 이라크 전쟁으로 10만 명 이상이 사망했다. 이러한 대량 살상의 배후에는 제국 신학(Imperial Theology)이 있다. 제국 신학이란 미국, 영국, 프랑스, 독일 등의 제국 세력을 정당화하는 신학자들의 신학 논리를 말한다.

현대에도 신식민지 정복 세력이 부도덕적인 목적과 수단으로 폭력 전쟁

---

* 이 장의 일부 내용은 필자의 다른 저서나 논문에 실린 것이다.

을 벌이고 있어 이를 막는 길이 막연하다.

간디의 전략과 아동 사망

이런 시기에 마하트마 간디(Mahatma Gandhi)의 지혜를 다시 살리는 것
은 꼭 필요한 일이다. 이는 3단계로 정리할 수 있다. 1단계는 불의한 동기
와 수단을 사용하는 제국의 제국 신학을 해체(deconstruction of the empire
theology)하는 것이다. 2단계는 해체시킨 잘못된 제국 신학을 올바르게 재
구성(reconstruction)하고, 3단계는 이에 대한 건설적인 대안(constructive
alternatives)을 구성하는 것이다. 이처럼 이를 3단계로 정리하고,[1] 제국 신
학의 윤리적인 기초가 무엇인지 밝혀야 한다.

라인홀드 니부어(Reinhold Niebuhr)는 간디의 비폭력 운동이 영국 맨체
스터 방직 공장 지역의 아동 사망률 증가에 영향을 끼쳤다고 했다. 즉, 영
국의 식민 통치에 저항한 간디의 비폭력 운동의 영향으로 영국의 옷감이
인도에서 잘 팔리지 않아 영국의 방직업자들이 도산하거나 극심한 재정난
을 겪게 되었고, 이는 실업자를 증가시켜 영국 가정이 빈곤해지는 결과를
낳았다는 것이다. 가난한 가정은 아동들에게 적절한 영양을 공급해주지 못
하고 치료도 해주지 못해 결국 다수의 아동 사망이라는 폭력적인 결과로
이어진 것이다.[2] 니부어의 이러한 주장은 간디의 비폭력 저항이 맨체스터

---

1) 로저 링컨 신(Roger Lincoln Shinn)은 신학의 윤리적 기초(Ethical Basis of Theology)
를 밝히는 작업에 공헌했다.

2) Reinhold Niebuhr, *Moral Man and Immoral Society: A Study in Ethics and Politics*
(Charles Scribner's Sons, 1932) 참조. 니부어는 뉴욕에 있는 유니온 신학대학원
(Graduate Theological Union)에서 교수로 재직하고, 은퇴 후에는 하버드 대학교

에서 아동 사망이라는 폭력을 낳은 것과 같다는 논리를 전제한 것이다.

현영학은 "라인홀드 니부어는 피식민지 정복을 당하고 있었던 인도 편에 선 입장이 아니라 미국, 영국 입장에 서서 영국의 이익을 대변하고 있다"라 고 비판했다.3)

폭력과 비폭력

폭력과 비폭력은 유기적으로 관련되어 있으므로4) 비폭력이 선이고 폭력 이 악이라고 단정 짓기보다는 그 본래적인 요인을 밝혀 정죄하는 것이 필 요하다. 서구의 많은 신학은 폭력과 비폭력을 반대적인 개념으로 해석하거

(Harvard University), 프린스턴 대학교(Princeton University)에서 강의했다.

3) 현영학이 1980년 미국 유니온 신학대학원에서 루스 특임 교수(Luce Professor)로 민 중 신학을 1년 반 동안 강의할 때 언급한 것이다. 필자는 직접 그의 강의를 들었다. 그는 뉴욕에서 신학을 공부하고 이화여자대학교에서 교수로 재직했는데, 1980년 광 주민주화운동 시절, 권위주의 정권에 의해 해직되었다. 당시 기독자교수협의회 회원 들[이문영(고려대학교), 서광선(이화여자대학교), 안병무(한신대학교), 서남동(연세 대학교), 김찬국(연세대학교)] 역시 1980년과 그 전후로 해직되었다. 그들은 주로 민 중 신학자였다. 현영학은 해직 후 1980년부터 3학기 동안 유니온 신학대학원에서 민 중 신학을 강의했는데, 이는 최초로 해외에서 민중 신학을 체계적으로 연속 강의한 것이었다. 예일 신학대학원(Yale Divinity School)에서는 레티 러셀(Letty Russel)이, 하버드 대학교에서는 하비 콕스(Harvey Cox Jr.)가 민중 신학을 강의했다. 필자는 1966년경 연세대학교에서 현영학 교수의 기독교윤리학 강의를 수강했다. 그는 당시 조지프 플레처(Joseph Fletcher)의 상황 윤리(Situation Ethics)를 주로 강의했다.

4) 폭력과 비폭력은 반대되는 개념이 아니라 유기적인 관계이다. 필자가 유니온 신학대학원 박사 학위 논문으로 발표하고 이후 책으로 출판한 것에서 언급한 내용이다. Noh, Jong-Sun, *Religion and Just Revolution: Violence and Nonviolence in the Minjung's Struggle for Justice in the Tonghak Revolution*(Pana Press, 1984).

나 상관성이 없는 대칭 개념으로 이원적으로 처리한다.

간디의 비폭력 운동에 관한 박사학위 논문을 쓴 원경림의 이론은 피압박 인도 해방의 입장에 서서 보았다는 장점이 있다.

유럽의 심리학자들은[5] 간디를 미분화된 사상으로 해석하면서 비하하거나 비기독교적인 것으로 비판적으로 보는 경우가 있다. 이는 간디의 사상이 인도를 독립시킴으로써 유럽인들과 미국인들의 식민지 수탈을 방해하는 것으로, 유럽과 미국의 식민지 지배자들의 이익에 반대된다고 보기 때문인데, 이에 대한 이들의 심층적인 요인을 밝혀야 한다.

여호수아 착각 증후군

미국과 영국 계통의 유대교적 기독교 전통 신앙 공동체에서는 팔레스타인에서 '학살을 행했던 여호수아'를 가장 위대한 신앙의 실천자요, 해방자 가운데 하나로 해석하고, 오늘도 여호수아의 학살을 통한 정복을 모델로 삼아야 한다고 주장하는 경우가 허다하다.

> 이스라엘이 … 아이(성) 모든 거민(居民)을 들에서 죽이되 … 진멸하기를
> 마치고 …
> 그날에 아이 사람의 전부가 죽었으니 남녀가 일만 이천이라
> 아이 거민을 진멸하기까지 여호수아가 단창을 잡아 든 손을 거두지 아니
> 하였고 … 여호수아가 아이를 불살라 그것으로 영원한 무더기를 만들었
> 더니 오늘까지 황폐하였으며

---

5) 에릭 에릭슨(Eric Erickson) 등을 말한다.

그가 또 아이 왕을 저녁때까지 나무에 달았다가 해질 때에 명하여 그 시체를 나무에서 내려 그 성문 어귀에 던지고 그 위에 돌로 큰 무더기를 쌓았더니 그 무덤이 오늘까지 있더라.[6]

이 성서 말씀은 현대에도 성공적인 신앙의 한 모델이자 목표로 전해지고 있으나, 오늘의 역사와 동일한 행동을 특정 집단이기주의를 정당화하는 근거로 복제, 복사해 사용하는 것은 잘못된 것이다. 19세기나 20세기에 약소국을 침략 정복하고, 지배하는 전쟁을 하고 있으면서도 마치 구약성서 시대에 이스라엘 민족이 팔레스타인을 침공했던 것이 여호수아가 한 것과 동일한 것으로 착각해서는 절대 안 된다. 필자는 이러한 현상을 학술적으로 '여호수아 착각 증후군(Joshua Syndrome)'이라고 고유하게 명명했다.

오늘날 다수의 교회 목사들의 설교를 듣다 보면 여호수아가 많이 등장하고, 여호수아의 행적을 지지할 뿐 아니라 이를 현대의 전쟁을 지지하는 데 연결해서 기독교인들의 신앙 행동을 안내하는 경우가 많다. 또한 상당수의 신학 논리가 여호수아처럼 땅을 차지하고 정복하는 것이 하나님의 축복인 것처럼 해석되는 경우도 있다. 찬송가 중에도 여호수아를 본받아 앞으로 나가자는 내용이 있다. 미국 대륙을 점령하면서 토착 원주민들의 토지와 삶의 공간을 탈취했던 1800년대 백인들의 점령 역사를 여호수아의 점령과 같은 맥락으로 정당화하고, 이를 신의 명령으로 인정하며 찬양하는 찬송가도 있다. 피해를 당하고 땅을 빼앗기는 원주민 입장에 서 있는 것이 아니라 유럽에서 온 정복자 이주민들의 이익을 대변하기 위해 여호수아의 역사를 활용하는 심층 심리적인 의도가 들어 있다고 평가할 수 있다.

이런 가치판단이 기독교 세력이 왕성한 국가에서 오늘날 수많은 석유 탈

---

6) 여호수아서 8장 24~29절.

취와 정복 전쟁이 자행되는 것과 보이지 않게 관련되어 있다. 앨런 그린스펀(Alan Greenspan) 전 연방준비제도(Federal Reserve Bank: FRB) 이사장은 오늘날 석유 탈취를 위한 이라크 점령을 지지했고, 그의 자서전 『격동의 시대(The Age of Turbulence)』에서 부시 대통령의 이라크 침공은 석유를 확보하기 위한 것이라는 이유를 들어 그를 지지했다.7) 이는 그가 여호수아 착각 증후군에 빠져 있음을 증명하는 것이다. 따라서 부시 전 대통령의 이라크 침공은 정당한 전쟁(Just War)이 아니다.8)

여호수아 착각 증후군과 신학

여호수아서9)를 잘못 해석해 석유를 점유하려는 대량 살상 전쟁들이 중동 산유국 지역에서 일어나고 있다. 석유 탈취를 하는 세계 신식민지 정치 권력들을 마치 하나님의 종 여호수아에 비유하면서 도둑질을 정당한 신의 사업으로 왜곡하고 있다. 그들은 결코 여호수아가 아니다. 여호수아서를 읽으면서 이런 도덕적으로 타락한 행동을 하는 것이 마치 오늘날 여호수아라고 착각하게 하고 하나님께서 침략을 위임한 듯한 착각을 일으키는 일이 많이 일어나고 있고, 교회와 목회자들과 신학자들이 이러한 착각을 유도하

---

7) Alan Greenspan, *The Age of Turbulence: Adventures in a New World*(Penguin Press, 2007). 그린스펀은 FRB의 이사장으로 수십 년간 재직했다. 그의 자서전은 미국 경제의 부패성을 적나라하게 노출한다.

8) 노정선, 『동북아 평화를 위한 패러다임의 전환』.

9) 여호수아서 8장 24~29절. 이스라엘 군대가 아이 성(城)의 거류민 1만 2000명을 모두 죽였다. 이에 여호수아가 아이(성)를 불살라 영원히 황폐하게 만들었다. 또한 아이의 왕을 목매달아 나무에 걸어두었다.

기도 한다.

실제로 이라크 침공을 주도했던 도널드 럼스펠드(Donald Rumsfeld) 전 미 국방장관에게 보고된 많은 군사 침공과 작전 문서에는 구약성서 구절들이 인용되어 있고, 특히 여호수아서의 구절들이 자주 인용되었다.

라틴아메리카를 지배하기 위한 미국의 전략 문서인 「산타페 문서(Santa Fe Document)」에는 해방 신학자들을 소외시키라는 지침이 있다. 'OPlan 5026'부터 'OPlan 5030', 'ConPlan 8022' 등에는 단순 군사작전뿐 아니라 문화적인 점령이 지침으로 포함되어 있는데, 신학은 문화 통치와 지배의 한 분야이다. 신학은 단순히 신식민지 지배 확장과 무관하지 않은 하나의 중요한 대상이자 지배 수단으로 활용되고 있다.

오늘도 제국들의 신식민지 침략이 진행되고 있다. 이러한 역사 속에서 제국 신학과 대결하고 제국 신학을 해체시키려는 다양한 신학이 발전하고 있다. 1905년 가쓰라-태프트밀약을 배경으로 하는 선교사들의 전략과 신학들이 한반도를 점유했다. 즉, 제국 침략을 정당화하는 신학들이었다. 이에 안중근, 강우규, 이동휘, 신채호 등의 저항 운동이 있었다. 그들에게는 불의한 일본 제국의 신학과 제국 폭력에 대한 저항 신학이 있었다. 조선에 공자가 들어오면 조선의 공자가 되지 않고 공자의 조선이 되었고, '조선에 예수가 들어오면 조선의 예수가 되지 않고 예수의 조선이 되었다'.[10] 신채호는 외국에서 온 공자사상이나 예수사상이 조선의 이익에 맞도록 소화되지 못하면서 사대주의적인 종교가 되고, 조선의 자주성을 파괴하는 면이 많았다고 생각한 것이다.

---

10) 노정선, 『통일신학을 향하여: 제3세계 기독교윤리』.

장인환의 분노

가쓰라-태프트밀약 이후 일본의 한반도 정복이 진행되었고, 미국은 이를 지지했다. 더럼 화이트 스티븐스(Durham White Stevens)는 미국 외교관으로 일본의 한반도 정복을 도왔다. 그는 샌프란시스코에서 기자들에게 한국인들은 일본 식민지를 바라고 있다고 말했고, 이 내용이 신문에 실렸다. 이에 분개한 장인환과 전명운은 그에게 사과를 요구했으나 그는 사과하지 않았다. 스티븐스는 분노한 한국 교포들이 그를 암살한 것이라고 판단해 샌프란시스코를 탈출하기 위해 정거장으로 갔다. 이때 장인환과 전명운에게 저격을 당했고, 그 다음날 사망했다. 장인환과 전명운은 각각 징역을 살고 석방되었다. 판사는 그들이 조국 조선을 너무 사랑한 나머지 환상 가운데서 살해한 것이라는 판단하에 사형을 선고하지 않았다. 이 둘은 샌프란시스코 한인 감리 교회 교인들이었다. 교회는 그들이 석방되었을 때 출옥 성도 환영 예배를 드리고 기념 촬영을 했다. 그 사진이 남아 있다.11)

간디의 사상은 간디의 본래 정신을 벗어나 악한 의도를 가진 사람들의 이익을 위해 악용될 수도 있다. 예를 들어 백인들이 가쓰라-태프트밀약에 저항하는 피압박 한국인들을 침묵시키기 위해, 즉 집단 이기주의를 위해 간디의 비폭력을 가르치는 방식으로 악용될 수도 있다. 이는 침묵의 문화를 심어주고 불의에 저항하지 못하게 하기 위한 것이다.

샌프란시스코 기차역 간디 동상이 세워져 있는 자리가 장인환과 전명운이 스티븐스를 저격해 살해한 자리인 듯하다. 간디 동상은 장인환과 전명운에게 마치 뭔가를 가르치고 있는 듯한 자세로 서 있다. 그 동상을 세운

---

11) 이 사건은 조선인들의 미국 대륙 이민 역사 저서에 흔히 소개되어 있다. 한미동포재단, 『미주 한인이민 100년사』(2002) 참조.

샌프란시스코의 간디 동상

사람들은 장인환과 전명운 편이 아니라 스티
브스의 편인 듯하다. 폭력적 침략을 지지하고
지원한 스티브스의 잘못을 지적하고, 그의 회
개와 반성을 이끌고, 피해자들에게 보상과 배
상을 하도록 하며, 그가 영적으로 거듭나도록
유도하기 위한 것이 아니다.

장인환은 약자임과 동시에 피해자로 '저항
폭력'을 사용했다. 그러나 영국은 불의하게 인
도를 약자로 지배하고 폭력을 사용했다. 따라
서 장인환은 '정당한 저항'을 한 것이라고 할
수 있지만 영국의 폭력적 인도 지배는 정당한
폭력 사용이라고 볼 수 없다.

기독교의 회개

지난 수 세기 동안 주로 침략 전쟁을 도발하거나 지지하면서 참여한 주
체가 기독교인이었다는 점에서 기독교인, 기독교 국가, 기독교에 기반한
다국적 기업과 군산 복합체들은 회개하고 간디의 평화적인 비폭력을 실천
해야 한다.

동국대학교 불교학부 교수인 진월 스님은 불교 국가가 최근 남의 나라를
침공하고 찬탈한 경우는 없으나 기독교 국가는 수많은 침략을 했다고 주장
한다. 깊이 검토할 만한 지적이다.12) 기독교는 대단히 폭력적이고, 불교는

---

12) 진월은 캘리포니아 대학교[University of California(Berkeley)]에서 박사 학위를 받

무저항적·비폭력적이라는 것이 그의 주장이다. 필자는 이러한 진월의 불교 해석은 불교의 일부 맥락이라고 평가한다. 즉, 불교에도 다른 면이 있다는 것이다. 예를 들어 일본이 한반도를 침략했을 때 서산대사는 묘향산을 중심으로 스님 약 1600명과 군대(승군)를 조직해 저항 전투를 했다. 또한 미륵불교의 경우 견훤이나 왕건 등이 미륵의 화신이라고 주장하면서 후천개벽을 위해 제국 세력이었던 신라에 대항하는 저항 전쟁을 했다는 점을 볼 때 불교도 다양한 반응을 보였다는 것을 역사적으로 관찰할 수 있다.

신학을 신라 제국 신학을 해체시켜나가는 방향으로 해석한 것이 견훤, 왕건, 양길 등이었다. 그들은 미륵 신앙을 기초로 가난하고 소외된 민중을 위한 새로운 세상의 혁명정부를 수립하는 후천개벽의 중심 역할을 했다.

물론 일부 기독교 분파는 절대 비폭력과 집총 거부, 군 복무 거부 등을 실천하기도 한다. 퀘이커(Quakers), 여호와의 증인, 메노나이트(Mennonite), 아나뱁티스트(Anabaptist) 등이 그 예로 이들에 대한 연구가 필요하다.

간디를 북한에 적용하면 어떻게 될 것인가? 북한의 기아는 1994년 이래 미국이 원자력발전소를 짓지 못하도록 총체적인 봉쇄를 하고, '핵무기로 선제공격을 하겠다, 수술 식의 폭격을 하겠다'와 같은 폭력적인 대응을 한 데 부분적인 요인이 있다.

오늘날 곡창지대였던 북한의 황해남도에 아사자가 다시 발생한다고 한다. 유엔 안보리 결의 1718호 결의를 포함한 총체적인 북한 경제 봉쇄, 문화 봉쇄가 이 비극의 중요한 요인 중 하나이다. 이 문제를 해결하려면 식량 공급 생산기지를 건설해야 하는데, 한국이 대북 지원을 하는데도 북한에 아사자가 발생하는 것은 지난 12년간 한국의 대북 지원이 응급 지원 수준

고 유나이티드 릴리저스 이니셔티브(United Religious Initiative: URI) 조직 활동으로 종교 간 화해와 이해를 넓히는 일을 한다.

에만 머물렀기 때문이다. 북한에 지속가능한 식량 생산기지를 만들어 북한이 기본적인 식량 안보 기지를 확보하게 하는 데 실패했다는 증거이다.

제국 지배의 해체

이오시프 스탈린(Iosif Stalin)[13]의 대량 살상, 중국의 티베트 점령(1959), 미국의 베트남 침공, 이라크 침공 대량 살상 정책, 영국의 이라크 침공의 역사는 강자가 약자에게 참혹한 학살을 자행한 사례들이다. 여기에는 거대한 폭력 행사가 포함되어 있다.

인도의 천민계층 달리트(dalit)들은 간디를 거부한다. 간디는 그들을 하늘의 자녀[하리잔((Harijan)]라고 불렀지만 달리트들은 간디가 그들의 해방 투쟁과 인권 투쟁을 약화시키고, 그들의 저항을 심리 치료 수준에서 처리하려고 했다면서 간디를 거부한다. 간디 지지자들은 이 문제를 더욱 깊이 연구해야 한다.

강자들은 자신들의 폭력을 계속하기 위한 수단으로 약자들에게 간디를 세뇌시킨다. 이를 어떻게 방지할 수 있을까? 이에 대해 Oplan 5030은 '마음을 사로잡는다(Winning Heart and Mind: WHAM)'[14]라는 전략을 구사한다. 강대국들은 핵무기를 계속 만들면서 약소국들이 핵무기를 가지려는 것은 범죄이고 비윤리적인 것이며, 국제 질서를 파괴하는 것이고, 반문화적

---

13) 스탈린은 신학에 대해서 공부했다. 그의 정치에는 경직성 유토피아 신학(Hard Utopian Theology)이 표출되어 있다. 경직성 유토피아는 유혈혁명을 사용해 유토피아를 건설하려는 이념이다. 이와 반대되는 것이 유연성 유토피아주의(Soft Utopianism)이다. 자세한 것은 노정선, 『통일신학을 향하여: 제3세계 기독교윤리』(한울, 1988) 참조.

14) 노정선, *Story God of The Oppressed*.

인 야욕이라고 강하게 주장하고 있으며, 심지어 이라크가 원자력발전소를 지을 때 이를 공습으로 파괴했고, 시리아 핵 발전 시설을 폭격해 파괴했다. 핵무기를 보유한 강대국들은 오늘도 계속 핵무기를 제조하고 원자력발전소를 짓고 있으면서 자기 정당성만 주장하는 것이다.

영국의 식민지 점령 세력을 함락시킨 간디의 힘은 스스로 물레로 옷감을 만들어 입으면서 영국의 시장을 축소시켜 이들의 경제적 지배력을 무너뜨린 데서 기인한 것이다. 이는 경제적 대결이었다. 인도는 경제 지배에서 벗어남으로써 서서히 영국의 지배에서 벗어나게 된 것이다.

히틀러를 굴복시킨 연합군

아돌프 히틀러(Adolf Hitler)의 정신병적 대량 살상 행동은 비폭력으로 굴복된 것이 아니고 연합군의 힘으로 굴복되었다. 비폭력이 이상적이지만 현실에서는 때때로 강압(coercion)과 연합군의 단결된 작전도 필요하다. 간디의 비폭력은 당시 특정 상황에서 효과적인 방법이었다. 간디의 비폭력이 베트남과 이라크를 침공한 현대 제국들의 신학과 신앙 행동을 고칠 수 있었을까? 고치지 못했을 것이다. 프랑스는 베트남을 군사력으로 제압했다. 프랑스의 군사 침략은 베트남 민병대의 처절한 전투로 제거되었고, 그 후 50만~60만 명의 미군이 다시 침공했으나 역시 월맹군의 군사력이 이를 제거하기까지는 엄청난 생명이 피를 흘렸던 것이다. 일본군이 난징에서 약 30만 명을 무참히 학살했고 한반도에서도 셀 수 없이 많은 민간인을 학살했으나 그 악의 군사력은 비폭력으로 제거된 것이 아니었다.

한반도에서의 폭력적 학살을 막는 예방 경제

남북한의 목표는 개성공단 같은 것을 10개 정도 만들어서 경제 강국 한반도를 이루고 경제 통일을 추진해 한반도에서의 폭력적 학살을 막을 수 있는 예방 경제(preventive economy)를 실천하는 것이다.

〈좋은 벗들〉(대표 법륜)은 북한 동포 350만 명 정도가 굶어 죽었고, 기아로 인한 사망이 매년 20만 명에 다다를 것이라고 보고하고 있다. 그러나 다행히도 2015년 전후 기아 사망은 중단된 듯한데, 필자는 2014년 8월 평양 등지를 방문하면서 북한의 경제 상황이 좋아지고 있다는 것을 확인할 수 있었다.

북한에 식량 기지를 만들어 밤 300만 톤을 생산하는 전략은 척박하고 나무가 전연 없는 160억㎡ 토지에 200억 원어치의 밤나무 6억 그루를 심는 데서 시작한다. 2007년 이 사업에 대해 순안 애국임업연구소장 김인섭과 합의서를 체결했다. 한민족어깨동무재단은 300만 톤이면 북한 식량 문제를 완전히 해결하고 한국으로 판매도 할 수 있다고 본다. 그러나 지난 12년간 통일부는 식량 340만 톤을 지원할 수 있는 수천 억 원의 예산을 투입하고도 식량 기지 조성에 실패했고, "땜질하기에 급급했다".[15] 기획의 잘못, 실천 전략에서의 잘못이 오늘날 북한의 기아 발생으로 노출된 것이다.[16]

한반도의 오늘의 신학은 바른 자리매김을 해야 한다. 과감하고 창의적이고 다원적이며 철저한 전략을 행해야 한다. 즉, 예방 경제 전략을 사용해야 한다. 예방 경제 전략은 대량 살상 전쟁을 막을 수 있다. 지금까지 예방 외교, 예방 의학, 예방 군사 전략 등은 있었으나 예방 경제 전략 개념은 필자

---

15) 김인섭 소장의 평가이다. 그는 애국묘목연구소장이기도 하다.
16) 노정선, 『동북아 평화를 위한 패러다임의 전환』.

의 고유한 전략적 대안이라고 할 수 있다. 그 이론의 기초는 결국 수많은 전쟁이 경제 이익을 위해 발발 및 추진된다는 판단에 근거한다. 경제를 활용해서 사전에 적절한 분배와 힘의 균형을 이뤄나가는 경제를 이룩한다면 전쟁과 살상으로 야기되는 분배, 탈취와 자본주의의 전형적인 경제 유형이라고 할 수 있는 카지노 경제를 예방할 수 있다.

새로운 간디 해석으로 인권을 유린하는 폭력적인 제국들을 해체시키고, 제국의 이익과 약소국 침략을 정당화하기 위해 만들어진 폭력 신학 등의 잘못된 신학이 해체되기를 바란다. 진정한 신학은 피해를 당하는 약자의 인권을 존중하고 부도덕한 자들이 그들의 횡포를 뉘우치게 하는 것이다. '강한 자들을 내리치시고 약한 자들을 높이시는' 하나님을 찬양한 마리아의 노래 〈성모 마리아의 찬가(Magnificat)〉는 오늘날 신학이 자리해야 할 위치를 일러주는 지침이다.

> 마리아가 가로되 내 영혼이 주를 찬양하며 …
> 능하신 이가 큰 일을 내게 행하셨으니 …
> 그의 팔로 힘을 보이사 마음의 생각이 교만한 자들을 흩으셨고
> 권세 있는 자를 그 위에 내리치셨으며 비천한 자를 높이셨고 … 부자를 공
> 수로 보내셨도다.17)

---

17) 누가복음 1장 46~55절.

6

/

민중 신학, 인민 신학, 통일 신학

 피압박민을 해방하고 불의에 억압당하는 민중에게 정의를 실현시키는 행동(ortho-praxis)이 우선이고, 신학은 이차적인 것이다. 모세의 출애굽은 이스라엘 히브리 노예들을 제국 정치 세력, 파라오(Pharaoh)의 불의한 억압 통치에서 해방시킨 행동 우선이었고, 이 행동의 신학화 작업(theologization)은 이차적인 것이었다. 이러한 신학적인 명제는 구스타보 구티에레스(Gustavo Gutierrez)[1]를 비롯한 많은 라틴아메리카 신학자 중 해방 신학자들이 흔히 주장한 명제이다.

 신학이 더 이상 '피압박자의 마약(Opium of the oppressed)'[2]이 되어서는 안 된다. 그러나 불행하게도 오늘날 대중을 사로잡은 많은 서양 신학은 피압박자들과 식민 통치로 고통받으며 노예처럼 살아가는 사람들이 마약을

---

1) Gustavo Gutierrez, *A Theology of Liberation: History, Politics, and Salvation* (Orbis Books, 1988) 참조.
2) 카를 마르크스(Karl Marx)가 종교를 비판하면서 사용한 표현이다.

진통제 삼아 일시적인 쾌감에 빠지는 용도로 악용되곤 한다. 자유방임형 시장경제를 강화하려는 다국적 기업들이 비윤리적이고 불의한 이익 추구를 정당한 것으로 위장하기 위해 성서 구절들을 아전인수격으로, 그리고 이기주의적으로 사용하면서 왜곡된 사이비 신학을 퍼뜨리는 경우가 많다.

민중, 민중 신학이란

민중은 정치적으로 억압당하고, 경제적으로 착취당하고, 사회문화적으로 소외당하면서도 한반도 역사 속에서 정의를 위해 투쟁한 피해자들을 말한다.

민중 신학은 바로 이들의 신학이고, 이들과 함께하는 신학이며, 이들의 해방을 위해 참여하는 참여 행동 신학이다.

민중에는 두 가지가 있다. 깨우친 뒤 조직화를 통해 세력을 만들어 변혁의 주체가 되는 민중, 즉 '조직 변혁 민중'과 깨닫지 못하고 기성 지배체제를 지지하고 변혁을 시도하지 않고 침묵하는 민중, 즉 '비조직 침묵 민중'이 있다. 한완상은 이를 즉자적 민중과 대자적 민중으로 구분한다.3) 안토니오 그람시(Antonio Gramsci)4)가 조직 지식인(organic intellectual)과 전통적 지식인(traditional intellectual)으로 구분한 것과 대응되는 민중 개념이다.

1992년 북아메리카 주 기독학자 주최로 미국 뉴욕 주 롱아일랜드에 있

---

3) 한완상, 『민중과 지식인』(정우사, 1985) 참조.
4) 이탈리아 정치 이론가로서 베니토 무솔리니(Benito Mussolini) 통치 시절에 투옥되었다. David Forgacs(ed.), *An Antonio Gramsci Reader(1916-1936), Introduction to Gramsci's Life and Thought*(Larence and Wishart, 1986).

는 호프스트라 대학교(Hofstra University)에서 열린 모임에서 필자는 조그런 대표들과 함께 국제협의회에 참석했다. 그곳에서 당시 주체사상 연구소장이었던 박승덕은 "민중 신학은 반공 신학이다. 그러나 북측과 남측이 평화와 통일을 이루어 나가는 데 서로 도울 수 있는 신학이다"라고 평가했다.[5] 이에 필자는 다음과 같이 질문했다. "북한 헌법에 마르크스주의에 의해서 국가를 세운다고 되어 있는데, 유럽 사람인 마르크스는 유럽에 맞는 사상을 만들어냈다. 북한은 '우리 식으로 산다'라는 사상이므로 이제는 마르크스주의를 헌법에서 삭제해도 되지 않는가?" 박승덕 소장은 그 말이 옳다고 했다. 그해 12월 서울의 일간지 중 하나는 북한 헌법에 '마르크스주의'가 삭제된 것을 확인했다는 보도를 했다.

백성은 왕이나 여왕에게 충성을 바치는 사람들이고, 백성 신학은 왕이나 여왕에게 최고 최후의 충성을 서약하는 신학이다. 대중은 얼굴이 없고 이데올로기가 무색이거나 무의미한 사람들의 집단이다. 대중 신학은 이들의 신학이다. 인민 신학은 인민이 하는 신학, 인민을 위한 신학, 인민과 함께하는 신학이다. 민중 신학은 귀납법적 신학이다. 인민 신학도 귀납법적 신학이다. 현장에서 일어나는 고난, 억압, 수탈의 고통을 먼저 읽어내고, 그것에서 논리를 귀납시키는 과정을 거치는 것이다. 그 이후 연역적 과정을 다음 단계로 시작하는 순서로 갈 수 있다.

---

[5] 당시 북한에서는 강영섭 목사와 김혜숙 등 4명의 대표가 참석했다. 그리고 박승덕 박사가 참석했고, 유엔 대표로 온 북한의 대사급들과도 만남이 있었다. 한국에서는 서울에서 온 대표들과 미국 교포 중 북아메리카 주 기독학자 대회 대표들이 참석했다.

서남동, 홍길동, 토머스 뮌처의 민중 신학

서남동[6]은 노예 만적의 봉기와 투쟁에 대해 말한다.[7] 만적의 '난'은 사실 만적의 노예해방을 위한 '혁명'으로 수정되어야 한다.[8] 미륵이 후천개벽 혁명 투쟁을 했다고 주장하는 장길산의 노예와 종들의 해방 투쟁은 한반도 역사에서 민중 신학과 인민 신학의 토대가 될 수 있다.

홍길동의 투쟁은 가난한 사람들에게 부자의 것을 나눠 주는 이야기이다. 저자 허균은 두 번이나 최고위 관직에서 사회주의경제를 실천하려다 저항을 받아 귀양을 갔고, 귀양 시절 『홍길동전』을 저술한 것으로 전해진다.

서양의 경우 토머스 뮌처(Thomas Muentzer)의 농민전쟁 참여(1525)는 '필요에 따라 나누는 사회를 건설하겠다'라는 사도행전 5장의 성령 강림 신학과 맥을 같이 한다.[9] 또한 한반도에서 진행된 민중 신학, 인민 신학과 역

---

6) 서남동은 「한(恨)의 신학을 향하여(Toward Theology of Han)」, 「한의 신학」 등 민중 신학과 관련된 논문을 발표했고, 1975년 연세대학교에서 정치 탄압으로 해직되었다. 그는 일본, 캐나다에서 수학하고 한신대학교 교수, 연세대학교 조직신학 교수를 역임했으며, 주로 '서구 신학을 소개하는 신학자'로 알려졌다. 콕스, 위르겐 몰트만(Jürgen Moltmann), 피에르 테야르 드샤르댕(Pierre Teilhard de Chardin), 볼프하르트 판넨베르크(Wolfhart Pannenberg) 등을 소개했다. 그는 이러한 전 세계 유명한 신학자들을 마치 안테나처럼 소개만 할 뿐 자신의 고유한 신학이 없었기 때문에 별명이 '안테나 신학자'였다. 이후 그는 김지하의 「오적」 등을 읽고 민중의 고난과 투쟁에서 귀납법적으로 신학을 하는 민중 신학을 연구하기 시작했고 이를 계기로 자신의 신학을 창출해 세계에 민중 신학을 전파했다. 라틴아메리카의 고유한 신학이 '해방신학'으로 인정받고, 한국은 '민중 신학'으로 고유성을 인정받게 된 것이다.

7) Suh, Nam Dong, "Historical References for a Theology of Minjung," *Minjung Theology*, Kim, Yong Bok(ed.)(Singapore: A CTC-CCA, 1981), pp. 170~171.

8) Noh, Jong-Sun, *Religion and Just Revolution.* 민중 신학으로 동학농민운동의 폭력과 비폭력의 틀을 다시 해석해 서구 패러다임을 수정했다.

사적인 맥을 같이 한다.

홍동근의 신학

홍동근은 평양 출신으로 월남해 미국에서 신학 공부를 하고, 서울 영락교회 부목사, 동신교회 담임 목사를 역임했다. 이후 일본에서 잠시 목회를 하다 미국 로스앤젤레스 선한 사마리아인 교회 담임 목사를 거쳐 평양 김일성대학교에서 역사학과의 종교 전공 학생들을 중심으로 약 10년간 '기독교란 무엇인가'라는 과목을 강의했다. 그는 평양 근교의 애국열사능에 잠들었는데, 필자는 2014년 8월 14일 이 애국열사능을 방문할 수 있었다.

홍동근은 히브리 성서에서 모세가 파라오의 제국 압박에 희생당한 노예들을 해방시키기 위해 히브리 민족을 조직해서 홍해를 건너 탈출한 것은 저항 신학이었고 노예해방 신학이 실천된 것으로 해석하며, 모세는 사회주의자였다고 주장한다. 이러한 그의 주장은 필자가 미국 프린스턴 신학교(Princeton Theological Seminary)에서 열렸던 북아메리카 주 기독학자 대회에서 구두로 전해들은 내용이고, 에모리 대학교(Emory University) 카터 센터에서 역시 홍동근에게 구두로 들은 내용이다. 필자가 홍동근에게서 말로 전하는 역사, 즉 '오럴 히스토리(oral history)'를 채취한 것이다.[10]

---

9) Eric W. Grititsch, *Reformer Without A Church: The Life and Thought of Thomas Muentzer(1488?-1525)*(Philadelphia: Fortress Press, 1967). 그는 사형 집행을 당하기 직전 마지막으로 ['부자들의 것을 가난한 자들에게 필요에 따라(according to the needs of the people) 나누어주는 사회를 건설하자']라는 말을 남겼다. 이는 전봉준의 공초(共草), 즉 최후 진술과 유사하다.

10) 미국 뉴욕의 컬럼비아 대학교(Columbia University)는 구두로 전달되는 역사를 채

그는 히브리 성서에 나오는 열두 지파의 경제관계는 사회주의로 더 잘 설명된다고 판단한 것이다. 노먼 고트발트(Norman Gottwald)[11] 역시 그의 저서 『야훼의 종족(The Tribes of Yahweh)』에서 마르크스주의로 열두 지파의 사회·경제관계를 해석한다. 고트발트는 사회학적 이론 중에서 막스 베버(Max Weber)나 탤콧 파슨스(Talcott Parsons) 이론, 혹은 다른 이론보다도 마르크스주의가 가장 히브리 성서의 경제관계를 잘 설명한다고 보았던 것이다.

홍동근은 1960년대 선감도로 의료 선교 봉사를 갔을 때 그 섬의 소작인들의 농토가 아직도 토지개혁이 되지 않은 점을 지적했다. 당연히 이미 토지개혁이 되어서 유상 분배 유상 몰수에 따라 소작인들이 소유했었어야 할 농지라는 것이다. 홍동근의 토지 해석은 소작인들이 농지를 소유해야 한다는 것이었다.

김창준의 예수사회주의 신학과 손정도의 이야기 신학

김창준은 「맑시즘과 기독교」[12]라는 논문에서 예수사회주의를 주장했다. 김창준은 이 논문에서 세 가지를 언급했다. 첫째, 마르크스주의는 무신론이고, 둘째, 가난한 이들을 돌보지 않는 기독교는 올바른 기독교가 아니

취하는 도서관을 뒤 문서화되지 못한 귀중한 자료를 구두 녹음 등을 통해 기록 보전하는 데 앞서 있다.
11) 그는 유니온 신학대학원 구약 분야에서 박사 학위를 받고, 샌프란시스코 신학교에서 교수로 있다. 뉴욕 신학교(New York Theological Seminary)로 자리를 옮겨 교수로 지냈다.
12) 《신학과 세계》(1932. 7).

며, 셋째, 따라서 예수사회주의가 옳다. 이는 인민 신학의 뿌리가 될 수 있는 신학 저술이었다.

김창준은 감리교신학교 교수가 되기 전 미국 시카고에서 유학을 하며 한인교회를 세웠다. 1919년 3·1만세운동이 일어났을 당시 그는 민족 대표 33인으로 체포되어 3년 반 동안 투옥되는 중형을 받았고, 그 후 미국으로 유학을 갔다. 1948년 김구 선생 등과 평양 쑥섬에서 제정당 사회단체회의에 참석 후 북한 인민최고위원회 부의장을 역임했고, 체육 분야에서 주로 일하며 기독교 활동을 했다.

그리고 손정도의 신학은 김일성 회고록인 『세기와 더불어』(1992) 2권 1장에 부분적으로 인민 신학의 실마리를 제시하고 있다. 손정도 목사는 만주에서 교회를 할 때 김일성이 자주 찾아왔고, 독립 운동을 하다 일본 헌병에 의해 김일성이 체포되어 감옥에 있을 때 옥바라지를 했고, 그를 탈출시켜 생명의 은인이 되었다고 한다. 김일성은 그의 아들 손원태 교수에게 별장을 지어주고, 1992년 그를 평양으로 초대했다. 김일성과 손원태는 어렸을 적부터 친구였는데, 만나자마자 서로 부둥켜안고 두 시간 동안 울었다고 한다. 손정도의 다른 아들은 손원일 제독이다.

손정도의 신학은 이야기 신학(Story Telling Theology)이다. 이야기 신학이란 과거 전통적인 개념 중심으로 써나갔던 것과 다르게 이야기를 적어 좀 더 생동감 있게 민중이나 인민, 보통사람들이 잘 이해하게 하면서도 질적인 깊이가 있는 신학이다. 전통적인 신학은 대부분 전문적인 학자들끼리만 서로 토론하면서 독점하고 평범한 민중이 접근하는 것을 막아버렸고, 민중을 지배하는 도구로 악용되는 경우가 많았다. 그의 딸인 손인실 여사도 한국기독교여자청년회(YWCA)에서 봉사했다.

인민 신학의 역사는 주체사상보다 오래되었고, 주체사상은 인간의 학문, 즉 인간학(anthropology)일 뿐 신의 개념을 중심으로 하는 신학은 아니다.

인민 신학은 신의 개념을 중심으로 발전한 신학이다. 따라서 인민 신학을 주체사상과 동일시하는 것은 옳지 않다.

인민 신학의 발전: 강병섭의 순교[13]와 강량욱의 토지개혁 신학

강량욱 목사는 북한 토지개혁위원회 서기였다. 그는 소작인 편에서 행동했으며, 1946년 1월 침실에 수류탄이 투척되었으나 살아남았고 그 후 다시 그를 살해하려던 자들이 던진 수류탄을 맞았다.

강병섭 목사는 1946년 북한 토지개혁위원회가 구성된 후 위원회 모임에 참석했다가 수류탄 투척으로 부상을 입고 일주일 후 사망했다. 그의 신학적 행동은 토지개혁으로 나타났다. 그의 신학은 인민 신학이라고 할 수 있는데, 소작인들에게 이익을 주기 위한 무상몰수 무상분배의 토지개혁을 실시하자는 행동 신학이 1세대 인민 신학이었다. 강병섭 목사의 신학은 또한 행동신학이었다. 그러나 토지개혁에 반대한 목사들, 신앙인들이 많았고, 이들은 순교하였다. 이들뿐 아니라 토지개혁을 주장하던 분들도 순교하였다. 사회주의 토지개혁과 그 반대편, 즉 사회주의를 반대하며 개인의 토지소유를 유지시키려고 했던 목사와 신앙인들이 양편에 다 있었다.[14]

한국에서 유상몰수 유상분배의 토지개혁이 이루어진 것은 1949년부터 1961년 혹은 1963년 정도로 볼 수 있다. 이 시기에 대해서는 학자별로 다

---

13) 강병섭 목사의 딸 강세영 장로를 직접 인터뷰 한 기사인 홍범식, "날마다 열심히 통일기도를 … 봉수교회 장로 강세영과 만나다", ≪민족21≫, 2006년 2월 1일 참조. 노정선,『동북아 평화를 위한 패러다임의 전환』에서 재인용.

14) 김명혁 목사의 부친, 서광선 교수의 부친, 김화영 목사, 김응락 장로 등의 순교자들이 있다.

양한 이론이 있는데, 필자는 삼양사 사건[15]이 법적으로 정리되는 때까지로 잡는 것이 타당하다고 판단한다. 한국의 토지개혁은 맥아더 장군이 한국에서 토지개혁을 하지 않으면 소작인들이 반란을 일으켜 북한식 경제구조가 민중 저항의 형태로 이루어질 것이라 예측해 이를 막기 위해 토지개혁을 통해 자본주의경제체제를 도입하려고 했던, 즉 미국의 경제 전략을 달성하기 위해 도입한 방안이었다. 따라서 한국의 토지개혁은 자본주의 원칙에 따라 약 30%의 토지만이 소작인들에게 돌아가고 나머지 약 70%의 토지는 지주들이 계속해서 소유하게 하는 것이었다. 논에 바닷물을 넣어 염전으로 만들었다면서 토지개혁의 대상에서 논을 제외한다든지, 뇌물을 주고 문서를 수정해버린다든지 등 다양한 방식으로 지주가 그대로 토지를 소유하게 하는 사례도 있었다.

강영섭과 강세영의 신학은 2세대 인민 신학이다. 강세영 장로는 아버지 강병섭 목사의 사망 이후 국가기획위원으로 일하면서 국가 건설에 참여했고, 1988년 봉수교회가 문을 연 후 봉수교회의 장로로 봉사했다. 건강이 좋지 않은 상태이지만 자녀들과 사위가 성가대원 등으로 봉사하면서 1946년에 달성한 토지개혁을 새로운 사회주의경제로 지지했다. 1세대는 순교하거나 별세했고, 그 자녀들이 2세대 인민 신학을 행동 신학으로 이어간 것이다.

강영섭은 강량욱의 아들로 조그련 중앙위원회 위원장이었고 2012년 별세했다. 현재는 그의 아들 강명철 목사가 위원장이다. 필자는 강영섭 목사(인민최고위원회 상임위원)와 오랜 친분을 형성하면서 밤나무 심기 사업, 자

---

15) 1987년대경 삼양사가 소유하던 지역에서 소작인들로 농사를 짓던 농민들은 이 토지가 이미 토지개혁 시기에 소작인들에게로 소유권이 이전되었어야 했다고 주장했고, 그들이 결국 승소했다.

전거 6000대 보내기 사업을 진행했다. 그가 1992~2008년까지 수많은 국제 기독교 정의 평화 대회에서 발표한 글들은 인민 신학의 원 자료가 된다. 강영섭은 서구 방식의 신학 논문 구조를 택하기보다 주로 '평화를 만드는 자는 복이 있나니, 하나님의 자녀가 될 것이다'라는 평화 신학의 전략을 동북아시아와 한반도에서 실현시키는 프락시스(praxis)[16] 중심의 논문들을 발제했다.

고기준의 신학 역시 2세대 인민 신학이라고 평가할 수 있다. 1992년 북한에서 '경제개혁법'이 시행되면서 사회주의경제가 새로운 발전적·개혁적인 사회주의경제로 도약할 준비를 했다. 이 시대에 북한 신학은 3세대 인민 신학으로 발전했다.

북한에서 교회가 사회봉사를 부분적으로 수용하게 된 것은 1996년 '고난의 행군' 시기 이후였다. 봉수교회 마당에 그린하우스를 짓고, 토마토와 포도 등을 재배하면서 자력갱생에 기여하도록 하는 데 참여하는 사회봉사를 부분적으로 시작한 것이다. 그 당시는 비상한 시기였으므로 2년 정도만 사회봉사를 한다는 전제가 언급되기도 했으나 현재까지도 계속됨으로써 농업을 주관하는 정부의 기능과 농사를 짓는 교회의 기능이 겹치고 있었다. 그래서 교회 지도자들은 제한된 교회의 부지 내에서 아주 소규모의 농사를 지었다.

2005년을 전후로 고정환율제에서 변동환율제가 되었다. 미화 1달러는 북한에서 2원 16전이었는데, 최근에는 160원을 오르내리는 변동이 나타나고 있고, 주로 유로화가 공식적인 외화로 사용되고 있다. 2015년에는 1달러가 장마당 암시장에서 수천 원에 거래되기도 했다. 이러한 변동이 나타

---

16) '프락시스'란 행동 실천이라는 뜻의 그리스어이다. 성서 원전에 '사도행전'은 사도의 프락시스라고 표기되어 있다(Praxis Tou APOSTOLOS).

제6장 민중 신학, 인민 신학, 통일 신학

낳지만 사회주의를 원칙으로 하는 인민 신학은 사회주의를 유지하면서 더 높은 차원의 강성대국으로 건설 발전시킨다는 입장을 고수한다.

일제 항거 독립 해방 투쟁

1592년 도요토미의 한반도 침략부터 1875년 강화도 공격과 1894년 동학 농민운동을 빌미로 일본군이 침공해 동학농민군 20만 명 이상이 전사했다. 동학농민군이 승리했더라면 일본 제국주의 침략을 봉쇄하는 데 성공했을 것이고, 1905년 미국과 일본의 가쓰라-태프트밀약에 의한 식민지화도 봉쇄할 수 있었고, 1945년의 분단도 없었을 것이며, 한국전쟁과 휴전과 분단의 고통 역시 없었을 것이다. 동학농민군의 독립 조국 투쟁은 군사적으로는 실패했지만 오늘날에도 계속되고 있다.

항일 투쟁의 필요성이 발생하자 무장 투쟁이 진행되고, 독립군이 조직되고, 생존권 투쟁 독립국가를 확보하기 위한 투쟁이 계속되었으며, 기독교인들의 투쟁 역시 지속되었다. 항일 투쟁의 행동인 민족 생존 투쟁이 진행되었다. 항일 투쟁은 민족 해방 투쟁이었다. 안중근은 가톨릭교에서 제적되었으나 최근 한국 가톨릭교는 안중근을 다시 교적에 올렸다.

윤봉길 역시 일본이 그를 테러리스트로 규정했으나, 그는 독립 투쟁을 했을 뿐이다. 또한 강우규 전도사는 독립군으로서 군사 공격을 했다. 가톨릭교인들과 기독교인들은 군사적인 방법으로 일본 제국에 저항했고, 일본 제국은 이를 부당한 테러로 규정했다. 3·1만세운동은 절대 비폭력을 원칙으로 한 항일 독립 저항이었다. 근우회 등 여성의 저항도 계속되었다.

이동휘는 상동교회 지하 모임에 참여하면서 전덕기 목사와 함께 기독교 공동체에 속해 있었고, 중국에서 독립군을 위한 사관학교와 조선공산당을 조직하는 데 참여했다. 그는 군사적으로 일본 제국 침략군을 몰아내려고 했다. 항일 투쟁은 성숙한 기독교인의 신앙 행동이었고, 신학적인 투쟁이었다. 주기철 목사의 순교는 극한적인 비폭력 저항이었고, 독립 투쟁이었다고 할 수 있다.

일본 천황 숭배 종교와 일본 교단은 제국 신학을 만들어 한반도 민중과 기독교인들을 강제로 조직에 가입시켰고, 기독교를 악용해 일본 제국 식민 통치를 강화했다. 한반도에서는 이에 대한 생명을 건 인민과 민중의 저항이 있었다.

1945년 해방이 되었다. 북한에서는 소작인들에게 토지를 주기 위한 경자유전(耕者有田)의 원칙을 실천하기 위한 토지개혁위원회가 구성되었다. 이들을 필두로 소작인들을 해방하기 위한 무상분배 무상몰수 과정이 진행되었다.

자본주의 미국의 영향하에 있던 한국과 사회주의 소련의 영향을 받은 북한에서 쌍방 간 많은 유혈 투쟁이 있었다. 이때 반공적인 기독교인들도 테러로 다수 사망했다.

'인민'과 '민중'의 동질성 인식

인민과 민중은 사실 이데올로기적으로는 구분하기 어려운 개념으로 인식되었지만 1945년 이래 서서히 그 의미와 쓰임이 구별되기 시작했다. 1950년 한국전쟁 이전까지의 신학과 신앙 활동에서는 인민과 민중을 구분하는 경우가 별로 없었지만,[17] 시간이 지나면서 차츰 한국에서 '인민'이라

---

17) ≪개벽≫, ≪신여성≫ 등 일제강점기 시기 항일 잡지를 보면, 인민, 민중 이 두 용

는 용어를 쓰지 않게 되었다. 반면 북한에서는 인민이라는 용어를 민중이라는 용어보다 선호하면서 적극 사용하기 시작했다. 인민민주주의, 인민군, 인민해방 등의 용어와 개념이 주요 개념이 되면서 민중이라는 용어는 상대적으로 한국에서 허용되는 용어로 정착되었다.

1976년에 아시아교회협의회가 주관한 '민중 신학을 향하여(Toward a theology of People)'라는 국제학회가 열렸다. 이 학회에서 '민중 신학'이라는 한글 용어는 공인을 받은 신학처럼 인정되었다. 물론 그 이전으로 거슬러 올라가서 함석헌의 씨알 사상을 언급하기도 하지만, 1979년 전후 민중신학은 신학 용어로 정착되었다. 함석헌은 '씨알'이 세상혁명의 뿌리가 된다고 주장했고, 씨알은 곧 민중으로 해석되었다. 그러나 영어로 사용되었던 'Theology of People'을 인민 신학으로 번역하거나 바꿔 사용한 사례는 없었던 듯하다. 그 이유는 무엇인가? 1945년 이후의 언어 문화가 그 요인이라고 할 수 있다. 이 언어 문화에는 이데올로기가 깊이 작용했다. 사회주의권과 북한에서 인민이라는 용어를 흔히 공적인 용어로 사용하면서 인민해방군, 인민위원회 등의 용어가 평양 중심의 문화어가 되었다. 이후 한국에서는 이 용어를 사용하지 않기 시작했고, 심지어는 정치적·법적 처벌 대상이 된 경우도 있었다. 1973년 인민혁명당 조작 사건으로 몇몇 무고한 사람들이 피해를 입기도 했던 등의 사례도 많다.[18] 2000년대 들어 사회당이라는 정당이 공식적으로 활동하면서 당 소속 후보가 선거에 출마하기도 했으나, 역시 인민이라는 용어는 소규모로 사용되었다. 이러한 언어 문화하에서 인민 신학이라는 용어는 사용되지 않았다.

어는 혼용된 것을 알 수 있다.

18) 대통령 직속기구 '의문사진상조사위원회'는 이 사건으로 무고한 사람들이 사형당했다고 판정했다.

북한에서 발전된 신앙 행동을 신학적으로 규정해 인민 신학이라고 해도 타당할 것이다.

인민 신학은 이미 1945년대를 전후해서 확실하게 시작되었다. 민중 신학은 남한에서 1970년대에 시작되었다. 다시 말해 북한에서는 인민 신학이 지금까지 발전하고 있다는 현상을 인식할 필요가 있고, 한국에서는 1970년대 반독재 투쟁을 통해 서남동, 안병무 교수 등이 민중 신학을 형성했다고 볼 수 있다.

그러나 남북한의 언어를 엄정하게 구분하기는 어렵다. 하나의 민족으로서 수천 년 동안 언어의 동질성은 별로 변한 것이 없다고 판단된다. 이미 존재하는 언어의 동질성을 다시 확인하면 될 것이다. 민중 신학과 인민 신학은 언어 동질성에서는 차이가 없다. 따라서 동질성은 회복하는 것이 아니라 다시 인식하면 되는 것이다. 북한의 리종혁19)은 1990년대 중반 아시아태평양위원회 부위원장으로 미국 에모리 대학교(Emory University) 카터 센터에서 "민족 동질성을 회복하자는 사람들이 있는데 이해할 수가 없는 말입니다. 민족 동질성이 언제 달라진 적이 있습니까? 회복이 아니라 동질성은 그대로 있는 것이죠"라고 말했다.

---

19) 리종혁을 만나고 한국으로 들어온 필자에게 통일원 남북 대화 자문위원회가 발표를 부탁해 「남북통일의 새로운 패러다임」(1994)이라는 논문을 발표했다. 주로 리종혁의 문화가 유연한 것이었고 포스트 모던(post-modern)한 것이었음을 분석했다. 리종혁의 부친은 문인으로 한국전쟁 시기에 북한으로 갔으며, 리종혁은 2015년까지 활발하게 정치 조직 활동을 하고 있다.

해방 신학과 민중 신학의 차별성

해방 신학은 주로 라틴아메리카의 해방을 주도한 신학으로 마르크스주의 개념을 사용하지만 서남동, 안병무, 서광선 등의 1세대 민중 신학자는 마르크스주의 개념을 사용하지 않는다. 해방 신학은 라틴아메리카의 토착 문화를 별로 중요한 요소로 인식하지 않으나, 민중 신학은 토착 문화, 탈춤 등을 사용한다. 해방 신학은 서구 전통 신학에서 직접 교리의 틀을 사용한다. 민중 신학은 전통 유럽 신학의 아류가 아니다. 민중 신학의 특징은 정치 및 경제의 평화에 토대를 둔 전략이 기조를 이루고 있고, 행동 신학이며 제국 체제 신학을 해체하는 힘을 가지고 있다.

서남동의 고백

서남동은 사망하기 2주일 전 미국 뉴욕을 방문했다. 유니온 신학대학원에 7명 정도가 모였었는데, 그는 그 자리에서 나의 신학은 "머티어리얼리쉐(materialishe)"[20]한 것이라고 고백했다. 그 후 그는 일본에서 민중 신학에 대한 강의를 하던 중 쓰러져 서울 세브란스 병원으로 옮겨졌으나 사망했다. 그는 죽었지만 1세대 민중 신학자인 그의 신학은 오늘날에도 여전히 살아 있다.

---

20) 이는 그가 당시 발음한 것을 그대로 표기한 것이다.

현영학의 신학

현영학은 '문화적 프롤레타리아트가 민중이다'라고 주장하면서 당시 금기시되었던 '프롤레타리아트'라는 용어를 사용하는 용기를 보여주었다.

그는 인민이라는 용어를 사용하지 않았다. 그러나 그의 대화에는 이를 포괄하려는 듯한 언급이 있었다. 그는 시(詩)로 신을 말해야 한다고 생각했고(theo poeticus), 마르크스주의를 사용하지 않았다. 또한 종이나 가난한 약자는 탈춤을 통해 억압적인 현실에서 비판적인 초월(critical transcendence)을 한다고 주장했다.

인민 신학자들

인민 신학자로 강반석, 강량욱, 고기준, 강영섭 등을 들 수 있다. 미국에서는 유태영 목사의 신학, 한호석의 신학으로 발전했다. 유태영 목사는 미국 내에서 해외 동포 대표로 6·15기념행사 혹은 8·15기념행사 등의 평양 공식 행사에 참석했다. 한호석은 서울 감리교신학대학에서 변선환 교수의 제자로 공부한 후 미국으로 건너가 '민족 학교' 등을 통해 활동했고, 정세분석에 치중하는 신학자이다.

'민중의 신'을 말하는 것이 민중 신학이라는 학자도 있다. 김중기는 민중의 신앙에 대한 학문으로 여기서의 신을 신(神)이 아닌 신(信)으로 해석하는 민중 신(信)학을 말하기도 했다.

민중 신학과 해방 신학은 실패했다는 입장도 있다. 그러나 실패를 단정하기에는 너무 이르다. 해외에서 수많은 민중 신학 관련 석, 박사 학위 논문들이 계속해서 발표되고 있다. 그리고 3세대 민중 신학이 발전하고 있고, 폭을 넓혀 인민 신학과 병행 발전하고 있다. 민중 신학이 죽었다고 하는 말은 사실이 아니다. 일부의 소망사항일 뿐이다.

해방 신학에서도 수많은 저술이 나오고 있고, 이 또한 유럽과 미국의 신학으로 설명되지 않는 반제국 저항 신학으로 발전되고 있다.

인민 신학이라는 용어는 인민 중심의 신학이라고 규정할 수 있다. 북한의 교회 운동은 긴 역사를 거쳐 다양한 신학을 발전시켰다. 북한의 신학을 있는 그대로 학문으로 인정하는 긍정적인 작업이 필요하다. 토지개혁을 주도한 목사와 신학자들은 나름의 신학을 발전시켰고, 그 신학은 지금까지 지속적으로 발전하고 있다. 이를 행동 신학이라고 볼 수 있는데, 이는 행동이 더 우선인 신학이다.

에스더서 1장 1절 이하에 인민이라는 용어가 나온다. 1970년대 한국에서는 인민혁명당 사건으로 조작된 무고한 사람들이 판결 후 24시간 이내에 교수형에 처해졌다. 2006년경에 와서야 법원은 이들의 무죄를 선고했다. 당시 안병무 교수가 『해방자 예수』(1975)라는 책을 출판했다. 그러나 이 책은 서점에 나오지 못했다. 필자는 『인간해방과 사회윤리』라는 책을 출판하려고 했으나 압력으로 결국 『사회윤리와 기독교』(1977)라고 이름을 바꾼 후 출판할 수 있었다. 많은 한국인은 인민이라는 단어나 해방이라는 단어를 공적으로 사용하면 '반공법', '국가내란죄' 등으로 처벌될 뿐 아니라 쥐도 새도 모르게 사라진다는 것을 체험하며 살았다. 그리고 그러한 저서들은 물론 금서가 되거나 압수당했다. 그러나 '인민'이라는 용어가 그대로 인쇄되어 시중에서 많이 팔리던 성서는 압수당하지 않았고 불온서적으로 취급받지도 않았다.

왕이 또 도성 수산 대소 인민을 위하여 왕궁 후원 뜰에서 칠일 동안 잔치를 베풀째.[21]

1945년 분단 이후 발생한 신학은 용어의 분단에서 나타나는 것과 같은 분단 양상을 보였다. 분단 신학이었다. 즉, 분단을 정당하게 만드는 데 기여하는 신학들이 다양하게 전개되었다. 통일 지향적인 신학은 자리 잡기 어려운 상황이었다.

북한의 신학 교육

2000년대 평양 신학교에서는 오경우 목사 등이 교수했을 것으로 예상된다. 백봉일 목사는 현재 교무과장 수준의 일을 한다.[22] 리정로, 황민우 칠골교회 담임 목사 등이 개인 자습과 지도 강의 등을 한다고 볼 수 있다. 2015년에는 황민우 목사가 중환으로 누워 계신다고 들었다. 리성숙 목사 또한 2015년 은퇴했다고 한다. 고 리춘구 목사는 평양 신학교에서 기독교 윤리를 지도한 듯하다. 황민우 목사는 국제사회 에큐메니컬(ecumenical) 신학과 윤리를 지도하는 것으로 보인다. 고 고기준[전 조선기독교도련맹(후에 조선그리스도교련맹으로 개칭) 서기쟁]은 확실한 사회주의윤리와 기독교 신학을 접목한 입장을 주장했다. 기독교 신학은 분단 지향적이어서는 안 되고 평화와 통일 지향적으로 남북한 공동체를 이끌어나갈 수 있어야 한다. 그런 의미에서 김창준의 기독교 윤리학이나 손정도의 윤리학을 재조명해야 할 것이다.

---

21) 에스더서 1장 5절.
22) 백봉일 목사는 2007년 필자에게 "남조선의 교무과장 정도라고 말할 수 있는 역할을 한다"라고 말했다. 여기서 북한의 용어는 항상 동일하지가 않다는 것을 이해할 수 있다. 따라서 북한에는 '교무과장'이라는 직책이 있는 것이 아니라 그러한 역할이 있는 것이라고 할 수 있다.

북한의 조선기독교도련맹을 중심으로 한 기독교 운동은 토지개혁을 기초로 한 것이고, '인민 기독교 윤리학'과 인민 윤리 실천을 발전시켰다고 평가할 수 있다. 한국에서 발전한 민중 신학과 민중 신학 윤리와 대비되는 발전을 한 것이다.

주체사상과 민중 신학의 무리한 대화

1988년에 한국기독교교회협의회(The National Council of Churches in Korea: KNCC)가 한국기독교회의 평화와 통일에 대한 선언('88 선언)을 발표한 후 북한에 '주체사상과 민중 신학'에 대한 세미나를 하자고 여러 경로로 제안했으나 북한은 준비가 되지 않았다고 거부했다. 이후 2006년경 백봉일 목사[23]는 필자에게 '이제는 준비가 되었으니' 세미나를 할 수 있다고 자신감 있게 말했으나, 그 후 7년간 남한 당국의 5·24대북제재조치에 근거해 평양 방문이 어려워져 성사되지 않았다.

한국의 민중 신학자들은 은근히 북한에 대화를 걸어보려고 한 것이었으나, 사실 주로 목사들이었던 북한 신학자들의 관심은 행동 신학에 집중되어 있었다. 따라서 행동과 관련성이 적어보이는 신학적인 엔터테인먼트(즐기는 오락적인 쾌락)에 투자할 시간이 없었을 것이고 그들의 우선순위도 아니었던 것이다.

한국의 민중 신학자들은 대부분 미국, 독일, 캐나다, 일본 등에서 공부하면서 비교적 빈곤한 민중의 생활과는 거리가 먼 생활을 했다. 절대 빈곤한 분들은 없었고, 부자들도 있었으며, 대학교 교수, 신학교 교수 등의 사회적

---

23) 그는 당시 전도사였고, 2007년 리성숙 목사 등과 더불어 목사 안수를 받았다.

지위로 생활 보장을 받으면서 신학적인 논리에 심취해 있었던 면이 없지 않았다. 하지만 일부 민중 신학자들은 민중이 없고, 현장이 없고, 행동이 없는 현실을 스스로 비판하면서 더욱더 민중에게 다가가려고 노력하기도 했고, 군부 통치에 저항하다 투옥되기도 했다. 이들 대다수는 항상 감시를 받으며 중앙정보부의 관리 대상으로 긴장된 생활을 했다. 결국 민중 신학을 시작한 교수들이 대학교와 신학교에서 해직당하기 시작했고, 해직자 교수 모임이 생겼다. 1974년 당시 연세대학교 신과대학장이었던 김찬국 교수[24]는 학장실에서 감옥으로 직행했다. 1년 후 석방되었으나 해직당해 다시 학교로 돌아가지 못하고 금지된 서적들을 작은 가방에 넣고 다니면서 판매해 학자들에게 판매된 책값을 돌려주는 일을 했으며, 전 세계를 다니면서 민중 신학을 강의했다. 김찬국 교수는 1984년 복직되었는데, 이후 연세대학교 부총장, 원주 상지대학교 총장 등을 역임했다.

주체사상과 민중 신학이 대화를 할 수 있는 세미나가 열릴 가능성은 아직 보이지 않는다. 북한은 여전히 이런 주제의 세미나가 시간을 할애할 만큼 가치가 있다고 생각하지 않는지도 모른다. 북한은 우선 먹는 문제 해결, 봉수교회 건축 완료, 붕괴된 봉수다리 재건축, 국제사회에서 북한의 정체성을 확고히 하는 국제 연대 작업 등의 실천 행동에 치중해 있다.

---

24) 미국 유니온 신학대학원에서 석사 학위를, 연세대학교에서 박사 학위를 받았다. 옥중에서 박사 학위 원고를 완료했다.

인민 신학을 아는가?

사회주의를 기조로 하는 북한 신학은 인민 신학으로 발전했다. 도로테 쾰레(Dorothee Soelle)[25]는 사회주의 기독교인(Christians for Socialism) 운동을 했는데, 이와 유사한 맥락에서 북한은 일본 제국 침략에 대항하는 항쟁을 역사적 체험으로 해 인민 신학을 발전시킨 특성이 있다고 할 수 있다.

또한 민중 신학과 맥을 같이하지만 사회 경제 분석에서 약간의 차이가 있고, 특히 우리식의 사회주의를 기조로 한 인민 신학은 1970년대 이후 한국의 자본주의를 비판적으로 수용했던 민중 신학과 그 양상에서 구별된다. 고 고기준 목사는 1990년대 중반 도쿄에서 열린 회의에서 인민 신학은 자본주의를 수용하지 않으며, 사회주의를 양보할 수 없다고 말했다. 필자는 미국 시카고 디바인 워드 인터내셔널(Divine Word International)에서 2박 3일간 협의회를 하면서 그를 만날 수 있었고, 그의 신학적인 해석에 일관된 사회주의가 깔려 있음을 확인했다. 그 협의회에서 남북한 각국의 흙을 가져와 한 그릇에 섞은 후 성찬식을 하고 모두 그 흙을 만지면서 한민족이 다시 하나가 되기를 눈물을 흘리며 기도했다. 평양에서 온 흙과 서울에서 온 흙은 똑같아서 구별할 수 없었고, 한민족, 한겨레, 한 흙이라는 것을 다시금 확인했다. 그 흙에 손을 대면서 그 감각에 모두 울었다.

젊은 교포 청년이 "택시 요금 5만 원이면 평양을 갈 수 있는데, 전 세계를 다니면서 평양만은 왜 못 가? 경적을 울리며 서울에서 평양까지 신명나

---

25) 유니온 신학대학원에서 교수로 재직했다. 그는 서구 침략자들이 도둑질한 것을 가난한 나라에 돌려주라는 정치 신학(Political Theology)을 발표해 주목을 받았다. 그는 서구 기독교가 자본주의적 물질주의에 깊이 물이 들어 타락하고 있다고 강력하게 비판하면서 사회주의를 토대로 하는 기독교 정치 신학을 발전시켰다.

게 달리겠다"라고 노래를 불렀을 때 그의 춤 동작에 모두가 폭소를 터뜨렸고, 북한 측 통역을 한 김혜숙 조선그리스도교련맹 국제부원은 〈휘파람〉을 불렀다.

디바인 워드 인터내셔널 수녀원에서 주제 발표를 맡았던 이승만 목사는 누이동생들을 평양에 두고 수십 년을 헤어져 있다가 1978~1979년에 평양에 가서 만나고 와서도 1년간 평양에 다녀왔다는 말을 하지 못했다. 그는 분단의 무서운 장벽을 뚫고 선구자처럼 일했으나 수많은 미국 교포들은 그를 의심하고 격리시켰다. 그는 주제 발표를 하지 못하고 한없이 눈물을 흘렸다. 그 자리에는 미국교회협의회의 팻 패터슨(Pet Patterson)도 있었다. 그의 눈에도 눈물이 고였다. 하지만 이승만 목사님은 결국 통일을 보지 못하고 돌아가셨다. 그는 '화해'의 신학자로 평가 받고 있다.

민족의 통일을 향한 양쪽의 노력은 동질성을 인식하게 해줄 것이고, 복지 경제를 향한 노력을 통해 좀 더 진전된 민중과 인민의 복지 통일 경제를 지원할 것이다. 한반도의 통일 신학은 양자를 포괄하면서 선(善)을 이룰 수 있을 것이다.

민중 신학은 죽었다?

신학은 차선이고 행동이 우선이다(Theology is second step).

민중 신학보다 더 중요한 것은 민중의 해방을 위한 투쟁 행동이었고, 해방 행동이 무시된 민중 신학 토론은 민중 신학을 죽였다. 요즈음에는 민중 신학이 죽었다는 말이 있다. 민중 신학자들이 민중의 억압, 차별, 고난, 굶주림, 목마름, 소외를 무시하고 논문을 쓰는 데만 모든 시간을 바치기 때문이 아닌가 반성해야 한다. 민중 신학이 살아 있으려면 정치적으로 억압당한 민중을 해방시키고, 경제적으로 착취당하고, 굶주림으로 절대 빈곤에 떨어진 가난한 사람에게 먹을 것을 주고, 경제 착취에서 해방되는 경제체제를 만들어내야 한다. 소외당하는 민중이 소외당하지 않도록 하는 해방 행동을 하지 않기 때문에 민중 신학이 죽었다는 비판을 받는 것이다. 누가 민중인지도 확인하지 못하는 상황에서는 해방 행동을 할 수 없고, 따라서 민중 신학이 힘을 잃는 것이다.

인민 신학을 말하는 이유는 무엇인가?

정치적 억압과 경제적 수탈로 절대 빈곤에 떨어져 굶주림에 시달리고 세계에서 소외당하는 인민이 있다. 그 인민에게 삶의 권리와 생존권을 찾아주어야 한다. 인간다운 대우를 받게 해주고, 인격을 인정받도록 해주고, 소외에서 벗어나게 해주어야 한다. 일본 군대에서 해방시켜주고, 나라를 잃어버린 인민들에게 독립된 나라를 찾아주어야 했다. 세계의 카지노 경제의 수탈과 사기와 착취로부터 경제적인 생존권을 지켜주어야 한다. 약육강식의 군사 문화 속에서 강자들이 약자들의 고기를 먹지 못하게 막아주어야 한다. 수만 발의 핵무기를 보유하고 있는 군사 지배자들로부터 인민을 보호해야 한다. 브레턴우즈 체제(Bretton Woods system)하에서 경제 봉쇄로 죽이고 경제 목조르기를 하는 통 속에 넣어 질식사시키는 전략, 즉 컨테인먼트전략에 걸려들어 굶주리고 죽어가는 인민들에게 먹을 것과 입을 것을 주고 집을 주면 인민 신학은 살아 있는 신학이 되는 것이고, 신학의 사명을 달성하는 것이다.

인민 신학은 이러한 피압박 인민들과 피압박 민중들을 해방시키는 행동하는 신학이 될 것이고 또한 그 일을 하고 있다. 해방 행동은 신학화(神學化)

작업에 우선한다(Praxis is primary and theology is secondary). 신학자들이 행동을 게을리하거나 전연 하지 않으면 그 신학은 죽는다. 유럽과 북아메리카 다수의 교회가 죽어가는 것은 해방 행동에 참여하지 않고, 행동이 없는 죽은 신앙에 근거해 타락한 세속 욕심 채우기에 급급했기 때문이다. 부당한 침략, 전쟁, 살상을 통해 세속주의에 결탁하는 많은 교회에 참다운 중생을 유도해서 억압당하는 민중해방 행동, 인민해방 행동을 하도록 촉구하는 것이 누가복음 4장 18절 이하를 실천하는 것이다.

히브리 성서에서의 애굽 제국 신학에 대결했던 노예들, 히브리와 신약에서의 인민[호 오클로스(Ochelos)][26]을 해방하는 것이 인민 신학이 할 일이고, 민중 신학이 해야 할 일이다.

궁극적으로 민중 신학과 인민 신학은 서로에게서 배우고 회개하고 보완해서 성령 충만한 가운데 '메시아 그리스도 중심의 한반도 통일 신학'으로 발전해야 한다. 이 통일 신학, 인민 신학, 민중 신학은 필리핀의 투쟁의 신학, 몰트만의 희망의 신학, 나미비아의 카투투라(Katutura) 신학,[27] 유럽의 지방 신학, 미국의 친자본주의 시장경제 신학, 라티아메리카의 해방 신학과 더불어 참다운 행동 신학이고 좀 더 고차원적인 우수한 신학이다. 기성의 유럽 신학이나 미국의 신학을 회개시키는 영적인 힘이 인민 신학과 민

---

26) 안병무의 마가복음 연구 참조. 마가복음은 갈릴리의 창녀, 세리, 이름 없는 가난한 사람들, 문둥병자들, 죄인들을 인민(호 오클로스)으로 지칭하고 있다. 그들은 역사의 배경이 아니라 주체였다. Kim, Yong Bok(ed.), *Minjung Theology*(CCA, 1982)에 안병무의 글이 포함되어 있다.

27) 노정선, 『이야기 신학』. 나미비아의 수도에서 철거당한 사람들이 사는 지역이 카투투라이다. 카투투라는 고향을 잃어버린 사람들이라는 뜻이다. 필자는 1992년에 이 지역을 방문했고, 나미비아의 민중 신학을 카투투라 신학이라고 했다. 이 국가는 우라늄을 다량 생산하고 조건 없이 판매한다. 그러나 국민 1인당 소득은 1992년 당시 100달러 이하였다.

중 신학에 살아 있다.

민중 신학은 죽은 것이 아니라 살아 있다. 인민 신학은 인정받지 못한 신학이 아니다. 인민 신학은 오늘날에도 조용히 그들의 해방 행동을 추진하고 있는 것이다. 인민 신학은 제국 신학을 해체하는 역할을 한다.

이들의 옳고 그름, 업적은 세계의 모든 신학과 더불어 정의의 하나님이 공정하게 심판하실 것이다. 신학과 신학자들은 피압박자들을 마약으로 마취시키면서 온갖 현학적인 논리를 구사해 이들이 구원받을 수 있는 바른길을 가지 못하도록 유도하는 경우가 있음을 회개하고 고쳐야 한다. 28)

우리가 지향해야 할 통일 신학의 길

신학과 신학자를 심판하는 기준은 무엇인가? "내가 주릴 때에 너희가 먹을 것을 주었고 목마를 때에 마시게 하였고 나그네 되었을 때에 영접하였

---

28) 남아프리카공화국에서 유행했던 국가 신학(State Theology)이 그 예이다. *Road to Damascus: Kairos and Conversion*(CIIR, 1989); Noh, Jong-Sun, Liberating God for Minjung(한울, 1994). 식민지배하에서 가난하게 살면서 제국 침략 신학 등에 의해서 희생당한 나미비아, 남아프리카공화국, 필리핀, 한국, 엘살바도르, 과테말라, 니카라과 7개국의 신학자들이 도전을 위해 압박당한 사람들의 시각에서 신학을 저술한 것이다. 한국에서는 서광선, 김용복, 노정선 등이 참여했고, 연세대학교 알렌관에서 출정식을 했으며 필자가 제삼세계 신학자들의 선언문, 「다마스커스로 가는 길(The Road to Damascus)」을 낭독했다. 필자는 영국 런던 웨스트민스터 애비(Westminster Abby)에서 다른 여러 나라 대표들과 함께 발표했고, 워싱턴 D.C. 프레스센터에서 발표 후 토론을 했는데, 하버드 대학교의 콕스가 논찬을 했다. 그날 ≪워싱턴포스트(Washington Post)≫는 전면에 이 날의 사진과 발표를 실었고, 이 기사에 "우익 기독교가 도전받고 있다(Right Wing Christianity)"라는 제목을 붙였다.

고 벗었을 때에 옷을 입혔고 병들었을 때에 돌아보았고 옥에 갇혔을 때에 와서 보았느니라"라는 마태복음 25장 35~36절 말씀이 그 기준 중 하나일 것이다. 현대의 많은 신학자는 북한 인민들이 굶주려 있을 때 먹을 것을 주지 못하고 있다. 그뿐 아니라 제국의 이익에 종속된 논리를 이데올로기로 만들어 신학화하고, 왜곡된 방향으로 성서를 해석하는 경우가 허다하다. 올바른 정의의 실천 행동(orthopraxis with justice of God)이 병행되지 않는 상태에서 화려한 언어유희로 자신을 속이고 있는 것이다. 불의를 진리로 왜곡시키는 지배자들의 논리를 해체시키는 신학이 필요하다.

민중 신학을 발전시키기 위해 민중 신학의 부족한 내용을 수정하고, 민중 신학이 가지고 있는 비민중적인 요인들을 걸러내야 한다. 또한 인민 신학을 발전시켜 민중 신학과 종합해 한반도의 통일 지향적인 신학, 즉 통일 신학을 도출해야 한다. 미국과 소련에 의해서 분단된 한반도는 통일을 기대하고 있다.

한반도에서 1000년을 대대로 내려온 토지 소유 구조에서 토지개혁을 반대하는 집단의 이익을 옹호하는 신학이 있고, 토지의 대물림 경제를 반대하고 수천 년간 대물림되는 종살이에서 해방시키려는 집단의 경제를 지지하는 인민 신학이 있다. 양자의 갈등을 대화를 통해 변증적으로 조정하고, 중생시키고, 개혁하는 통합의 신학, 즉 통일 신학을 창출해야 할 것이다. 오늘날의 자유시장경제 구조는 힘없고, 돈 없고, 종살이하는 사람들의 자유를 박탈하면서 자유를 주는 듯이 위장하고 있다. 즉, 이는 약자들에게는 노예시장경제이다. 통일 신학은 이 위장을 파헤치고 자유의 본질을 다시 찾게 할 수 있으며, 한반도를 분단시켰던 제국 신학을 해체할 수 있다. 전범자 독일이 분단되는 처벌을 받았듯이 태평양 전쟁의 전범자 일본도 분단되었어야 하는 역사에서 한반도가 분단됨으로써 한민족에게 이중의 고통을 준 것이 제국 신학이었고, 이를 해체하고 회개시키는 것이 한반도의 통일 신학이다. 여호수아의 신학은 팔레스타인과 그 지역 원주민들에게 고통을 준 신학이었다. 현대 전쟁에서는 여호수아 착각 증후군에 침몰되어 약소민들을 대량살상하는 범죄가 일어나고 있다. 신학이 원주민을 전 세계에서 학살하는 전쟁 범죄를 정당화하는 잘못을 범해서는 안 된다. 이 역사적인 전쟁 범죄를 해방시키는 것이 통일 신학이다. 민중과 인민을 변증법적으로 통합하고, 중생시키는 한반도에서의 통일 신학은 동시에 인류 역사속에서 희생양이 되어온 전 세계 원주민들에게 자유를 주고 해방을 주는 신학이 될 것이다.

7

통일의 패러다임 전환과 평화 경영

원자력 봉쇄와 기아의 상관관계: 인권유린당하는 한반도

1994년 제네바합의를 통해 북한에 원자력발전소와 경수로를 공급하는데 합의했으나 이는 2015년까지도 지켜지지 않았다. 오히려 북한 경제는 1994년부터 2015년까지 21년간 철두철미하게 봉쇄를 당했다. 경수로 공급을 막고 북한 경제를 파괴하려는 미국의 속셈은 일부 성공했고, 북한은 속았다고 판단하고 있다. 이처럼 북한의 절대적인 전기 부족의 원인을 제공한 것은 미국이었다.

수십, 수백 개의 원자력발전소를 가지고 전기를 생산하는 국가들은 경제적인 풍요를 누리면서 가난한 국가에서 원자력발전소를 건설하려고 하면 폭격을 하거나 폭격으로 위협한다. 유엔 안보리 결의 1718호로 약소국들은 핵능력을 소유하는 과정에 대해서, 특히 북한은 핵능력 활용에 대해서 총체적인 경제, 문화 봉쇄를 당하고 있다.

유엔은 철저하게 불공평하다. 유엔의 반기문 총장은 '모든 국가'가 원자력발전소를 소유할 수 있는 권리를 최소한의 생존권으로 보장하고 유엔 안보리 결의 1718호를 즉시 해제해야 한다. 유엔이 휴전협정의 주도자였던 것을 기억하고, 적어도 2015년도에는 평화협정을 체결해야 한다.[1)

1963년 미국 측 유엔 대표는 마크 클라크 장군(Mark W. Clark)이었다. 그가 펑더화이(彭德懷), 김일성과 삼자 서명으로 휴전협정을 체결했다. 유엔은 이제 다시 삼자를 모아 평화협정을 체결할 의무가 있다. 이는 유엔을 대표하는 반기문 사무총장의 책임이다. 유엔은 모든 인간은 평화를 위해 원자력을 이용할 권리가 있음을 기억해야 한다.

이러한 상황에서 북한은 1996년 이래 약 100만~350만 명이 기아로 사망했다고 한다(고 강영섭 조그런 위원장이 2002년경 도쿄 국제회의에서 350만 명이라고 발표했다). 미국도 50만 톤을 지원한다는 말만 무성하지 내용이 부실하고 시간적으로 지연시키는 작전을 쓰고 있다. 서서히 굶어 죽어가는 인민들을 보고 있는 것은 인권유린이다. 가장 전형적인 인권유린 중 하나는 식량을 차단하는 등 인간의 필수품을 차단하는 것이며 북한은 대표적인 피해자다. 한국도 매해 각각 50만 톤 정도의 식량과 비료를 지원하거나 20년 후에 받는 조건으로 빌려주었으나 2015년에는 이조차도 없었다. 비료 지원은 이미 기회를 놓쳤다.[2)] 정부는 여전히 북한이 변하지 않는 한 지원을

---

1) 2015년 7월 27일 한국기독교교회협의회, 한국기독교청년회(YMCA), YWCA 3자 명의로 박근혜 대통령 앞으로 평화조약 청원서를 제출했다. 헌법 26조에 정해진 청원권을 행사한 것으로 대통령은 90일 내 응답할 의무가 있다. 이 청원에 대해 외무부와 통일부는 좋은 청원이라는 답신을 3개 단체에 주었다. 그러나 너무 막연한 답장이어서 실제로 평화조약을 추진하는 행동에 돌입할 듯한 증거를 찾을 수 없었다. 필자는 청와대 앞 청운동사무소에서 기자회견을 할 때 청원서의 의도와 내용을 분석하는 발언을 했다. WCC가 이와 같은 청원을 권장하는 결의를 2013년 11월 부산 10차 총회에서 통과시켰고, 이미 영국과 스웨덴이 동일한 청원을 정부에 요청했다. 200여 개의 WCC 회원 종단과 교단들이 이 청원을 해야 하는 의무가 있다.

하지 않는다는 입장을 확고히 하고 있다.

식량 퍼주기의 실패와 식량 기지화

1995년부터 한국 정부는 2007년까지 총 260만 톤의 쌀과 79만 3300톤의 옥수수를 무상, 유상, 차관 형식으로 북한에 보냈다.[3]

북한에서는 식량이 매해 100만 톤에서 200만 톤까지 부족한 것이 현실이었다. 따라서 한국의 공급은 북한에 태부족한 것이었다. 지난 12년간 누적 1000만~2400만 톤이 부족한 북한에 쌀과 옥수수를 합쳐서 총 340만 톤을 보냈으니, 700만 톤에서 2000만 톤이 부족한 것이었다. 결국 북한이 다른 방도로 보충을 했으나 전력 부족으로 생산 공장이 가동되지 못하고, 농업에 전기를 충분히 사용하지 못하게 된 결과는 원자력발전소가 전연 건설되지 못한 데 일부 원인이 있는 것이다. 한국은 21기 이상, 미국은 120기이상, 일본은 50~52기 이상의 원자력발전소를 가동해 부를 누려왔던 것과 비교된다.

한국이 5년간 7000억 원 이상의 식량을 차관 등의 형식으로 지원해도 불과 매해 40만 톤 정도밖에 안 된다. 역시 매해 태부족한 것이다. 퍼주기도 못 된다.

전연 나무가 없는 산간 척박한 지역 160억m²에 밤나무 6억 그루를 심으

---

2) 필자가 한민족어깨동무재단 대표로 참석한 2008년 5월 2일 4시 남북 대화 사무국협의회에서 통일부 차관은 봄에 비료를 줄 기회는 놓쳤지만 가을에 비료를 뿌릴 기회는 남아 있다고 설명했다. 그러나 이것도 제공하지 않았다.

3) 안용현·임민혁, "원칙? 융통성? 갈피 못 잡는 북 식량지원", ≪조선일보≫, 2008년 5월 17일 자.

면 5년 후 최소 200만 톤의 밤과 110만 톤의 밤 꿀을 생산할 수 있다. 초기 비용 200억 원이면 심을 수 있다. 관리 비용도 200억 원 정도로 계산할 수 있다. 300만 톤이면 북한의 식량 문제가 완전히 해결된다는 것이 평양 순안임업소장과 한민족어깨동무재단의 결론으로, 이 두 단체는 2007년에 이에 대한 합의서를 체결했다. 정부가 해온 방식으로는 적어도 2조 원을 5년간 써야 하는데, 이는 400억 원으로 6억 그루의 밤나무를 심으면 해결할 수 있다.[4]

340만 톤의 식량을 북한에 차관 등으로 지원했어도 다시 기아 사망이 발생한 것은 농업 생산기지를 제대로 건설하지 못하고 허송세월했기 때문이다. 한국의 기획에 오차, 오류, 무기획성이 드러난 것이다. 퍼주었으나 해결된 것이 없다는 비판이 나오는 것이다. 12년 전부터 밤나무 식량 기지를 북한에 건설했더라면 절대적으로 적은 비용으로 기아를 해결할 수 있었을 것이다. 적어도 2000년부터는 식량 부족이 없었을 것이고 오히려 밤을 수출해 이익을 얻을 수 있었을 것이다. 밤 값은 쌀의 1.5배이다. 북한에는 나무가 없는 척박한 산지 160억m²가 놀고 있다. 나무를 모두 연료로 사용했기 때문인데, 원자력발전으로 전기를 썼다면 이 비율도 줄었을 것이다. 그러면 대규모의 홍수가 발생하지도, 논밭이 손실되지도 않았을 것이며 식량 생산도 줄지 않았을 것이다. 따라서 미국의 대북 원자력발전소 봉쇄가 홍수의 요인이 되었다고 일부 판정할 수 있고, 식량 생산 감소와 기아 사망의 원인이기도 하다. 미국은 북한이 원자력을 평화적으로 이용할 수 있도록 '경제적·문화적·외교적·군사적 봉쇄'를 풀고, 적대관계를 청산해야 한다.

---

4) 한민족어깨동무재단 홈페이지(http://onsan.onmam.com/)에서 자세한 사실을 확인할 수 있으며 노정선, 『동북아 평화를 위한 패러다임의 전환』에 자세한 설명이 실려 있다.

그것이 인권 존중이다.

이명박 대통령은 연해주에 식량 기지를 만들고 1억 그루의 나무를 심자고 제안했다. 북한 노동자가 연해주에서 일하기 쉬울까? 식량 물류에 외교적 장애가 발생할 수도 있다. 북한 노동자가 국경을 넘어가서 일하는 것은 쉬운 일이 아니고, 물류비용도 많이 든다. 1억 원 규모의 식량 기지는 북한의 양강도, 자강도, 평안도, 함경도, 황해도에 조성하는 것이 좋다. 이곳에 밤나무 6억 그루를 심으면 이산화탄소(CO_2)도 더 많이 처리되어서 온실효과와 홍수 피해도 줄어들 것이며, 식량은 300만 톤만 있으면 해결될 것이다. 오히려 한국이 이 지역에서 식량을 가져다 먹을 수도 있을 것이다. 남북한이 공생관계가 되는 것이다. 한국은 북한과 핵에너지 공동체, 식량 생산 공동체, 경제 공동체, 군사 공동체를 만들어야 산다.

현재 개성공단은 1/20만 쓰고 있다. 2000만 평 사용을 허락받고 100만 평에만 공장이 들어서 있는 것이다. 나머지 19/20를 빨리 공장 등으로 채워야 남북한이 함께 경제 위기를 극복할 수 있다. 개성공단 같은 것을 10개 정도 건설해야 한다. 이것은 대운하 건설보다 더 큰 경제 효과가 있다. 개성공단 같은 공단을 10개 정도 만들면 경제 통일을 달성했다고 평가할 수 있다. 경제 통일은 조용히 진행시킬 수 있다는 장점이 있다.

이에 대한 반대 세력은 미국과 일본 외에는 거의 없을 것이다. 일부러 광우병 위험이 있는 미국산 소고기를 수입하기보다는 북한에 목장을 만들어 소고기를 대량으로 한국으로 가져오면 물류비용도 거의 들지 않고, 질병 관리도 더 철저하게 할 수 있고, 소를 육류가 아닌 풀을 먹여 키우기에도 더 용이하다. 또한 소 체내에 컴퓨터 칩을 넣어 모든 것을 기록하고 철저히 관리할 수 있게 된다. 이렇게 하면 식량 통일도 이룰 수 있을 것이다. 발상을 바꿔야 산다. 패러다임을 바꿔야 산다.[5]

선진도덕국가로 나아가는 길: 먹을 권리, 식량 인권 존중

동포가 북한에서 굶어 죽어가고 있다. 그들의 먹을 권리와 생존권이 무시당하고 있으며, 세계는 그들의 인권을 유린하고 있지만 미국과 일본은 책임을 통감하지 못하고 있다. 세계 강대국들은 그들이 거시적인 압박으로 인권유린을 하고 있다는 사실을 인식하고 회개해 이를 개혁해야 한다.

약육강식의 신식민지 지배 세력이 회개하고 개혁하는 것이 급선무이다. 미국은 도덕적·정치적으로 정의로운 국가가 되려고 하면 북한에 대한 정책을 적대관계에서 친선관계로 즉각 바꿔야 한다. 일본 또한 회개하고 북한에 대한 경제 봉쇄를 즉각 풀어야 한다. 북한은 이미 김정일-고이즈미 준이치로(小泉純一郎) 평양 회담에서 납치 문제에 대해 사과를 했다. 이제는 일본이 용기를 낼 차례이다. 일본은 북한인들을 수만에서 수십 만 명 납치하고, 정신대 강제 동원으로 북한 여성 등을 군대 성노예화해 죽인 것과 청년들을 강제로 전쟁터로 내몰아 죽인 것에 대해 200억 유로 정도 수준에서 즉시 보상해야 한다. 그것이 진정한 전략적인 실용주의와 상호주의이자 인류 앞에서 사죄하고 거듭날 수 있는 선진도덕국가의 최소한이다.

언제 터질지 모르는 한반도 전쟁

남북한 공동체 공리 공영 체제와 남북한 공조 체제를 단시간 내에 수립해야 평화 경영에 성공할 수 있다. 한·미·일 3자 공조 체제 강화와 북·중·러 3자 공조 체제가 공고해지고 있는 현 구조는 1905년 해양 세력의 식민

---

5) 노정선,『동북아 평화를 위한 패러다임의 전환』.

지 구조와 같고, 이미 증명된 분단의 부정적인 요인이 심층화된 구조이며, 이를 대승적으로 수정해야 평화 정착, 통일 지향적인 구조가 된다. 북한은 전쟁보다는 평화적인 공생, 공영 전략을 통해 한반도 평화 경영을 해야 할 것이다. 한국도 북한이 전쟁 도발을 하게 하는 적대적인 전략을 선택해서는 안 된다. 대북 붕괴 전략은 전쟁을 도발시키는 전략이다. 과도한 심리전도 전쟁 도발의 일부이며 요인이다. 식량난으로 어려운 상황에 처한 북한에 경제 압박 등의 대북 적대 전략이 곧 전쟁 도발의 첨예한 요인이 된다. 한국의 국가 안보 전략은 나무만 보고 숲을 보지 못하는 허점을 가지고 있다. '만약' 천안함이 북한 어뢰와 잠수함에 의해 뚫렸다면[6] 안보는 붕괴된 한 증상일 뿐이고 국방 책임을 다하지 못한 데 그 책임이 있다. 이는 나무에 해당하는 것이고, 일본의 핵이나 미사일과 심리전에 뚫리면 그것은 숲을 보지 못한 결과일 수 있다. 남북한이 공영, 공생, 공리의 경제 공동체가 되면 쌍방의 적대시 정책이나 전투와 전쟁은 사라질 것이다. 그러나 일본의 계속되는 심리적·군사적·외교적인 재침략을 막아야 한다는 인식은 거의 없고, 오히려 일본에 의존해서 한·일 공조로 남북한 협력을 분쇄시키고, 분단을 강화하는 정책을 세워야 한다고 인식하는 것이 가장 위험하다.

남북한이 단결해 앞으로 다가올 일본의 핵공격을 방어해야 한다. 일본의 핵능력은 미국 레이건 정부의 지원하에 이루어졌다. 일본의 핵 축적은 동북아시아에서 가장 위험한 안보 요소이다. 미국은 일본이 H2B 로켓과 플루토늄 70% 농축 수준 43톤 이상과 재처리 시설을 보유하는 것을 허용하고 있으며 이에 일본은 50기 이상의 원자력발전소를 운영하고 있다. 이러

---

6) 다양한 원인 검증이 필요하다. 미국은 관련 정보를 공개하고, 한국 정부는 만약 어뢰를 살 수 있다면 구입해서 앞으로의 공격에 대비하기 위해 실험하고 분해해서 확인하는 것이 국가 안보의 기본일 것이다.

한 상황에서 일본은 독도가 일본 영토라고 주장하는 침략성을 내보이고 있다. 상황이 이러한 데도 극도의 안보 위협을 인식하지 못하고 있는 것이 현 한국 정부다.

한국도 핵 재처리 시설을 확보해야 하고, 플루토늄을 축적해 일본 핵능력에 충분히 대응해야 다가오는 일본의 심리적·외교적·군사적 침략을 막을 수 있는 국가 안보를 갖출 수 있을 것이다. 일본의 핵능력을 제어할 수 있는 한국의 핵능력을 구축하는 것이 시급하다. 이러한 준비 없이 계획된 한반도 평화 통일 방안은 무의미한 공상이다. 오히려 반평화, 반통일, 분단 전략이 되는 것이다.

독도가 일본 영토라고 주장하면서 '미·일 공조 체제'로 한국을 하나의 대상으로 취급하는 모욕적 상황을 막아내야 한다. 이는 한반도가 일본 영토여야 한다는 1905년 이후 일본의 침략적 음모가 아직도 살아 있음을 극명하게 보여주는 것이다.

남북한이 단결해야 한다. 핵 공조, 경제 공동체 강화, 경제 통일 추구, 경제협력을 강화하고, 개성공단을 2000만 평으로 확장 개발하면 남북한에 모두 100만 개의 일자리가 창출되고, 남북한 적대적 전쟁 도발의 위험을 해소할 수 있다. 안변과 남포에 한국 주도의 조선소를 건설하고, 경의선을 신의주까지 건설하고, 북한에 식량 생산 혁명 구조를 만들어 자급자족하게 하고, 한국이 북한을 농업 식량 보급 기지로 활용해 식량을 수입하는 구조로 적극 전환시켜야 한다. 이를 위해 투자하는 것이 한국 경제를 살리는 길이다. 전쟁 발발을 막지 못하면 그 피해는 수억 조 원이 될 것이고, 재건하는 데 50년 이상이 걸리는 민족 멸망의 길이 열릴 것이다.

한국은 3200km 떨어진 타깃을 정확하게 맞추는 미사일 기술을 북한으로부터 전수받을 수 있고, 북한은 한국의 원자력발전소 기술을 전수받을 수 있다. 한국은 1994년 제네바합의에서 합의한 북한 경수로 건설 약속을 다시 지켜야 한다. 이 약속은 미국이 먼저 깼다. 지키지 않을 계산을 이미 하고서 약속한 것이 근본 문제였다.[7]

아랍에미리트에 원자력발전소를 수출하는 것보다 더 중요한 평화 체제를 건설하는 열쇠는 남북한 핵협력이다. 남북한이 핵 발전 협력을 하면 수십, 수백 조 원의 수입이 생길 수 있는데도, 이를 하지 않는 것은 어리석은 것이고, 약속을 어긴 것이며, 근본적으로 평화 관리를 제대로 하지 못한 것이다. 이러한 약속 파기는 오늘날 전쟁 위기를 고조시키는 근본 원인이 되고 있다.

한·미 핵 협정은 언제 다시 맺을 것인가? 한국이 재처리 공장을 보유한 후 2016년 정도에 다시 맺는 것이 좋다. 새로 개정된 한·미 핵협정에서도 한국의 재처리 권리는 확실하게 인정받지 못했다. 약 2년간 재처리 후 남은 플루토늄을 14톤 정도 축적한 후 미국과 핵 협정을 다시 해야 한다. 미국은 일본의 경우 이미 재처리 시설을 수십 년 동안 가동하도록 허용해놓고 한국은 재처리 시설을 보유하지 못하게 하고 있다. 미국과 일본이 한국의 핵능력을 막고 있는 것이다.

---

7) 2008년 OECD는 북한의 전기 생산량은 약 200만Kw로서 남한 대비 6%라고 발표했다. 북한의 GDP는 247억 달러로 남한 9287억 달러의 2.7%이다. 1인당 GDP는 남한이 1만 9105.6달러, 북한이 1060.5달러로 남한의 5.6%로 발표되었다. 이는 OECD의 측정치가 사회주의경제에는 맞지 않는다는 점을 고려해 다시 평가되어야 한다. 북한의 전체 교역량은 한국의 0.4%인 38억 달러이고, 철강 생산은 한국의 2.4%이다. 지난해 남북한 교역은 8% 감소했다. "남북격차해소, 민간교역이 최선: OECD 한국보고서 지적", ≪경향신문≫, 2010년 6월 19일 자. 남북한 경제력 비교는 2008년 기준이다. 미국이 경수로 건설 약속을 파기한 것은 북한 경제를 붕괴시키려는 의도에서 기인한다고 평가된다. 전기가 부족한 북한 경제에 결정적으로 한계가 있고, 북한은 결국 자체적으로 원자력발전소를 1~2년, 혹은 3년 내에 준공하려고 할 것이다. 미국의 원자력발전소 봉쇄가 북한 산업에 지대한 영향을 주고 있다.

북한의 핵능력을 정확히 인식해야 한다. 북한에는 약 2600만 톤의 황해도 평산 우라늄 광산이 있다. 북한은 3~24개월 정도면 수소폭탄을 만들 수 있을 정도의 충분한 능력을 갖추었다. 플루토늄 폭탄은 1억°C까지 올라가는 불쏘시개이고, 삼중수소와 이중수소를 섞어서 투입하면 플라스마가 형성되고 헬륨이 만들어지는 수소폭탄 효과가 나온다. 이미 여러 나라가 성공했고, 북한은 이 수준에 진입하고 있다. 또한 북한은 전기 생산을 할 수 있는 평화적 핵융합에도 성공했다고 발표했지만 아마 몇 초 정도 성공한 것에 그쳤을 것이며, 상업적 수준에 도달하려면 상당한 기간이 걸릴 것으로 판단된다. 한국도 한국형 핵융합연구장치(Korea Superconducting Tokamak Advanced Research: KSTAR)로 3.5초 정도 성공했다. 한국의 경우 상업적인 성공까지 최소 20년 정도 걸릴 것으로 예측하는 듯하다. 북한의 사정도 이와 비슷할 것이다.

이 핵능력을 충분히 계산하고 한반도 평화 기획을 하는 것이 필요하다. 이 사실을 무시하거나 간과한 평화 기획에는 큰 문제가 있을 수 있다.

또한 한국은 대북 심리전 방송 시설 수십 개를 다시 조립해서 재배치하고 있다. 이것은 다시 전쟁을 불러일으키는 기폭제적인 계기로 작용할 수 있다. 북한은 이를 파괴하는 사격을 하겠다고 했다. 다시 서울을 불바다로 만들 것이라는 발언도 나왔다. 한국은 즉각 자위권을 발동시켜 2~3배로 대응 사격을 하겠다고 선언했다. 이 방송시설을 철거하고, 상호 비방 방송 등을 중단하기로 한 남북한 협력 약속을 다시 확인하고 지키는 것이 효과적이고 지혜로운 평화의 길이며 승리하는 길이다.

『손자병법(孫子兵法)』에 나오는 "싸우지 않고 이기는 것이 훌륭한 장군"이라는 말을 활용해야 한다. 싸움을 시작하면 승자가 없는 민족 공멸의 결과를 야기할 것이다. 설령 승자가 되도 반신불수나 식물인간 수준이 될 것이다.

미국이 북한의 핵을 빼내는 군사작전을 연습한 것이 2010년 3월 26일, 천안함이 침몰하던 시기였다. 미국이 대량살상무기를 제거하기 위해 이라크를 침공하는 것이라고 했던 것을 기억할 필요가 있다. 그린스펀은 자서전에서 이라크에 실제로 대량살상무기가 없다는 것을 알면서도 국제사회에 거짓 명분을 내세워 이라크를 침공해 유전을 확보하겠다고 하는 부시 전 대통령을 대통령 선거전에서 적극 지지한다고 고백했다.

군사적으로 북한 핵을 빼내는 작전을 시행하는 것은 바람직하지 않고, 오히려 군수업자들이 돈을 벌기 위해 대규모의 전쟁을 유도하는 시발점이 된다. 따라서 북한 핵 제거는 미국의 모든 핵 제거와 동시에 진행되어야 한다는 비핵화 원칙을 세우고, 상호 완벽하고 완전하고 증명할 수 있으며 돌이킬 수 없는 핵 폐기를 추진해야 한다. 즉, 핵무기를 보유한 전 세계 강대국들의 핵무기를 '우선적으로' 완전히 제거한 뒤(Completley, Verifiably, Irreversibly Dismentle all nuclear weapons: CVID) 북한의 핵무기 포기를 이끌어야 한다. 일방적으로 북한의 핵무기만 제거하는 군사작전 훈련을 하는 것은 재앙을 부르는 전쟁의 시작이 될 수 있다.

아울러 남북한 공조로 가쓰라-태프트밀약 1, 2, 3단계를 극복하는 작전이 필요하다.[8] 이는 10·4선언보다 더 정확하게 실천할 수 있는 남북한 공조, 경제 공동체 건설, 경제 통일 작업 등을 실천하도록 하는 구체적인 안을 추진하는 데서 극복할 수 있을 것이다. 박근혜 정부는 구두로는 10·4선언을 이미 인정했다. 이제 한 걸음 더 나아가 10·4선언보다 심층적으로 북한 경제를 발전시킬 수 있는 새롭고 좀 더 질적으로 강화된 '신10·4선언'을 발표해야 한다. 10·4선언이 적절하지 않다면 새로운 평화 선언을 하고 전면적인 남북한 경제협력을 하도록 5·24대북제재조치를 취하하는 방식으

---

8) 이 책의 51쪽 참고.

로 180도 전환하는 것이 좋다.

이명박 정부 시기의 5·24대북제재조치는 박왕자 씨 사건 이후 발표되었고 오늘날까지 이르렀다. 박왕자 씨는 2008년 금강산 관광 중 금강산 비치 호텔에서 2m 정도의 높은 녹색 철망이 쳐져 있고 1.5m 높이의 모래벽이 쌓여 있는 곳을 새벽 5시경 넘어가서 북한의 잠복 초소 앞까지 갔다가 18세 정도의 여성 초병이 규칙에 따라 "서! 서! 서! 쏜다"를 5번 외쳐도 정지하지 않고 도망치다가 총 2발을 맞고 사망했다. 이 불행한 사건을 계기로 시작된 제재조치를 이제는 풀어야 한다.

북한 붕괴를 추구하는 심리전, 북한 붕괴를 위한 전단 보내기, 붕괴를 유도하는 방송하기, 미국과 합동작전으로 북핵 탈취 제거를 시도하는 등의 작전을 시행하는 것을 다시 고려해야 한다. 붕괴를 유도하는 작전을 과격하게 시도하는 것은 한반도의 전쟁을 유발할 수 있으므로 공영, 공생, 공리를 추구하면서 미래를 계획해야 현명한 평화 경영과 통일이 될 것이다.

이를 위해 통일부는 남아 있는 예산 1조 원 정도와 앞으로 책정될 1조 5000억 원 정도의 예산을 합쳐서 대북 경제협력, 문화협력, 총체적인 협력을 실시해야 하고, 현재의 경제 봉쇄, 현금 봉쇄, 금융 봉쇄, 돈줄 막기 등의 적대적인 전략을 중단해야 한다. '신10·4선언'을 발표하고 전면 경제협력, 문화협력 구조로 전환하는 것이 전쟁 발발을 막는 길이다. 전쟁을 막으면 수천 조 원 이상의 경제 이익이 발생하며, 통일 지향으로 나아갈 수 있다. 이를 위해 조건 없이 남북한 정상이 만나는 것도 좋은 방법 가운데 하나이며, 실질적·실물적 협력은 더 근본적인 문제 해결의 열쇠가 될 것이다.

국민이 극도로 불안해하고, 세계의 투자자들이 코리아 리스크가 증가하고 있다고 판단하는 상황에서 한국 경제의 급속 악화 가능성을 제거하지 못하면 한국은 극도의 전쟁 참화를 겪을 가능성이 크며, 정부는 결국 전쟁 도발의 책임을 져야 할 것이다. 또한 국민의 심리적 불안 지수와 불행 지수가 증가할 것이다. 한 번 깨진 도자기는 원상 복구되지 않는다. 한민족 파괴의 위기를 피하도록 지금과 180도 다른 새로운 전략을 만들어 추진해야 한다. 4대강 사업에 약 22조 원을 투자하는 것과 10·4선언에 따른 추정치 13조 원을 투자[9]하는 것을 비교할 필요도 있다. 한반도에서의 평화 관리와 전쟁 방지를 위해서는 불과 1조 원만 투자하면 된다. 전쟁 방지 경영, 평화 경영, 평화 관리는 4대강 사업보다 수천 조 원의 이익을 내며, 국가 안보에 훨씬 중요하다. 4대강 사업은 국가 안보와는 별 관계가 없다. 국가 안보를 위해 국민의 세금을 남북한 경제협력에 사용하는 것이 올바른 세금 사용이다.

북한의 경제 개발 작업, 식량 혁명, 미사일 공동 개발 등에 1조 원을 즉시 투자하도록 제안해야 한다. 이것이 한반도의 운명을 바꿔놓을 것이다. 적대적 전략은 전쟁으로 먹고사는 침략적 군사 문화 국가들과 그에 결탁한 전쟁 장사꾼, 무기 장사꾼에게만 이익을 주고, 7000만 민족에게는 돌이킬 수 없는 영원한 슬픔을 줄 것이다. 패러다임을 전환해야 한다.[10]

---

9) 고 노무현 전 대통령의 입장을 반대했던 일부 학자들은 10·4선언을 실현하는 비용이 (최대치로) 약 10년 동안 13조 원 정도라고 평가하며, 그 비용이 너무 커서 한국이 짊어질 만한 수준이 아니라고 주장했다. 그러나 4대강 사업은 이보다 훨씬 큰 비용이 들 것으로 나타났다. 4대강 사업에는 국가 안보 효과는 거의 없다. 4대강 사업에 들어가는 예산의 1/20만 투자해도 한반도 전쟁 도발을 막는 효과가 날 것이다. 전쟁 도발을 막으면 상대적으로 수천 조 원에서 수십 경 원 이상의 경제 이익이 발생할 것이다.

10) 노정선, 『동북아 평화를 위한 패러다임의 전환』.

이스라엘, 미국, 일본이 해야 할 일

이스라엘과 미국은 북한에 대한 적대 정책을 친선 정책으로 바꿔야 한다. 미국은 2002년 6월에는 부시 전 대통령이, 2010년에는 오바마 대통령이 북한을 핵 선제공격 대상으로 선언하는 발표를 했다. 미국은 이를 취하하고 북한과 경제협력, 친선관계로 조건 없이 전환하는 것이 미국, 이스라엘, 한국 모두에 이익이 된다는 것을 인식해야 하며, 대북제재를 취하하고 우호 정책으로 바꿔야 한다.

이스라엘은 북한 핵을 폐기시키고, 북한을 군사적으로 공격하려는 작전을 시도하고 있다. 미국이 주도하는 것으로 보이는 이 작전을 통해 북한, 이란, 이라크의 협력 구조를 파괴하려는 것이다.[11] 이스라엘은 그들의 국방을 위해 북한을 붕괴시키려는 작전에 대해 깊이 성찰하고, 이스라엘과 북한이 공영, 공생해 서로 경제협력을 하는 방향으로 나아가야 할 것이다.

일본은 북한에 200억 유로를 지불해 식민지 시대에 대한 배상과 보상을 해야 한다. 이것이 평화 통일의 중요한 부문이 될 것이다.[12] 또한 대북 경

---

11) 솔러즈 전 미 하원 아시아태평양위원회 위원장은 국부적인 전쟁이 나더라도 북한 핵 시설을 기습 파괴하라고 계속적으로 제안했고, 헨리 키신저(Henry Kissinger) 전 국무장관도 이스라엘의 국방 전략으로 북한 붕괴를 추진하는 입장을 유지하고 있으며, 전쟁도 불사하겠다는 입장을 보이고 있다. 힐러리 클린턴(Hillary Clinton) 전 국무장관 역시 이스라엘의 군사적 이익을 대변하는 대북 전략을 부분적으로 가지고 있다고 본다. 오바마 대통령은 북한에 대해 핵 선제공격의 문을 열어놓고 있다는 점에서 부시 전 대통령의 대북 핵 선제공격 입장과 유사한부분이 있다고 할 수 있다.
12) 북한도 일본인 납치 문제 해결을 위해 일본에 보상, 배상을 할 필요가 있다. 1인당 100만 달러 정도로 계산할 수 있다. 물론 일본이 북한에서 납치한 사람들의 수에 따른 보상, 배상, 사과도 동시에 하는 것이 좋다. 김정일-고이즈미 간 사과와 인정을

제제재를 취하고, 공영, 공리로서 평화 경영을 하는 것이 일본 경제에 이익이 될 것이다. 북한 역시 일본에 보상, 배상할 것이 있으면 동시에 지불하는 것이 좋다. 그 액수는 2000만 달러 수준이 될 것이다. 일본이 북한에 지불할 금액과 서로 상쇄시키면 남는 금액을 일본이 북한에 지불하는 결과가 될 것이다.

북한 경수로 건설 약속 파기

북한이 공사 중인 원자력발전소 2기를 폭격하겠다고 위협하고, 2003년까지 경수로를 지어 판매하겠다고 한 것과 2005년 9월 19일 북경합의 선언에서 5개국이 북한에 경수로 준비를 논의하겠다는 약속을 파기한 것이 북한 전기 생산 체계를 거의 붕괴시켰고, 경제를 극단적으로 파괴했다. 북한 경제가 어려워진 것은 상당 부분 미국의 원자력발전소 봉쇄에 기인한다.

북한은 2006년 10월 핵실험으로 대응했고, 핵무기의 보호하에서 원자력발전소도 자체적으로 건설해 전기 부족을 해결하겠다고 선언했다. 1994년 이래 21년간 지속된 미국의 전기 봉쇄는 실패했다. 미국은 더 이상 이와 같은 실패를 반복하면 안 된다. 이제는 약속을 지켜야 한다.

미국은 이를 사과하고, 대북제재를 중단하고 북·미 공동, 공영, 공생, 공리 체계로 바꿔야 한다. 미국인들은 미국도 언젠가 망할 수 있다는 점을 인식하고 해결책을 찾아야 한다. 미국이 살아남기 위해서는 북한과의 원수

계승해야 한다. 고이즈미는 북한에 100억~200억 달러 정도의 배상을 하도록 결말을 맺었어야 했다. 필자가 이러한 구체적인 수치를 제시했던 것이 2000년 3월 20일 경 평양에서였다.

관계를 청산하고, 사랑을 실천하고, 회개하고, 거듭나야 한다.

이제 북한은 자체 능력으로 원자력발전소를 지을 수 있으며, 이미 경수로는 자체의 힘으로 완공될 것이다. 미국은 이를 폭격하지 못하게 되었다. 북한은 머지않아 플루토늄 폭탄에 삼중수소를 추가한 수소폭탄 제조에도 성공할 것이다. 미국은 결국 초기에 북한을 무모하게 봉쇄한 작전은 실패했고, 다시 모든 면에서 협력관계로 전환해야 미국에도 이익이 될 것이라는 것을 깨달아야 한다. 지금의 전쟁 일보 전으로 끌고 나가는 작전, 특히 북한 핵 탈취 군사작전은 더 큰 전쟁을 불러올 수 있다.

또한 한국은 막대한 군사 비용을 지불하면서도 전쟁 위기만 더욱 고조시키는 악순환에 빠져 있다. 평화 관리비를 지불하고, 평화 경영 비용을 지불해 남북한과 미국이 새로운 협력, 사랑의 관계로 전환하는 것이 최선의 방법이다.

✔ 한반도 평화 경영을 위한 제언

· 오바마 대통령은 대북 적대시 정책, 핵무기 탈취 작전 연습, 금융 제재, 북한 붕괴 작전, 심리전을 취소하고, 경제협력을 추진하고, 경제제재와 금융제재를 중단하고, 대북 핵 선제공격 발언을 취소하고, 한반도에 전쟁을 몰고 오는 모든 작업을 중단해야 한다. 대북 침투 핵 탈취 전쟁 작전 등을 취소하고, 키 리졸브 독수리(Key Resolve Foal Eagle) 훈련의 모든 것과 천안함과 관련된 정보를 숨김없이 공개해야 한다.
· 천안함 사건 초기 미국 국무성이 이 사건은 북한과 관련이 없다고 발표한 이유를 밝혀야 한다.
· 천안함 문제를 별도로 조사하고 조치해야 한다.
· 미국 감리교 감독들이 부시 전 대통령의 이라크 침공 축복 요구를 거절했던 것을

기억해야 한다.

- 부시는 민간인 7만여 명 이상을 학살한 것을 회개하고 배상해야 하며, 대량살상 무기가 있다고 거짓말을 하고 이라크를 침공한 것을 사죄해야 한다. 또한 유엔 안보리가 인준하지 않은 전쟁을 시작했던 것을 사과해야 한다.
- 미국은 한반도에서의 분단 강화 정책을 철회하고 남북한 경협, 남북한 통일 지향 정책으로 전환해야 한다.
- 한국 정부는 대북 적대 정책을 철회하고, 인도 지원, 교류, 경협을 시작하고 이를 강화해야 한다.
- 즉시 정부 주도로 대북 인도 지원과 식량 지원을 하고, 남북한 정상회담을 해야 한다.
- 개성공단을 20배로 확장해야 한다.
- 금강산 관광을 재개해야 한다.
- 통일 비용을 급증시키는 모든 정책*과 작전을 취소해야 한다. 북한의 경제를 붕괴 시키려는 압박을 할수록 통일 비용이 급증한다. 통일 비용을 증가시키는 대북 붕괴, 압박 경제 봉쇄를 취소하고 경제협력, 원수 사랑을 실천해야 한다(로마서 12: 18~21).

* OECD는 「한국경제보고서」(2010)에서 통일 비용이 급격히 증가하는 것은 현재의 대북 경제제재 때문이라고 분석했다. 또한 이 보고서에서 남북한의 차이에 대해 북한의 전체 교역량은 한국의 0.4%(38억 달러), 1인당 GDP는 한국의 5.6%(1060달러)라고 발표했다. 영아 사망률은 1993년 14.1%에서 2008년 19.3%로 증가했으며, 여성 평균 수명은 하락하는 추세이고, 철강 생산은 한국의 2.4%, 총 전기 생산량은 한국의 6%, 시멘트 생산은 한국의 12.4%인 640만 톤, 비료는 한국의 15%인 50만 톤으로 산출했다. 남북한 간 소득 격차와 건강 수준 격차는 향후 남북한 경제 통합의 궁극적인 비용 상승을 야기할 것이다. 서욱진, "OECD, 통일비용 급증 경고 … 남북 사회·경제적 격차 확대", ≪한국경제≫, 2010년 6월 18일 자.

8

/

동학농민운동, 평화 통일의 새 패러다임

　동학의 사인여천(事人如天), 인내천(人乃天) 정신을 1894년 동학농민운동과 2010년 한반도의 분단 상황에 적용해 현대의 문제를 풀기 위한 대화 전략을 수립해야 한다. 필자는 이 방법을 대위법(counterpoint method)이라고 한다.

　동학농민운동이 성공했다면 한반도는 분단되지 않았을 것이다. 일본의 침략, 식민지 강제 점령도 없었을 것이고, 명성황후도, 고종도, 이준도, 안중근도 그렇게 죽지 않았을 것이다. 동학농민운동이 성공했다면 1945년의 분단 역시 없었을 것이다. 1999년 제1차 연평해전, 2002년 제2차 연평해전, 2009년 대청해전, 2010년의 천안함 침몰과 이로 인한 장병들의 전사도 없었을 것이다. 금강산 관광의 중단, 동결, 몰수도 없었을 것이다.

　역사는 돌아오지 않는다. 역사를 해체할 수도 없고 재구성할 수도 없다. 그러나 이러한 반성과 성찰은 역사에 대한 기억을 새롭게 구성하게 하고, 오늘의 의미를 다시 확인하며, 미래를 통일 지향적으로 관리할 수 있는 대안을 생각하게 한다. 동학농민운동은 아직 진행 중이다. 그리고 그 혁명은 성공해 분단의 비극을 극복하고, 남북한은 통일의 길로 상생해 공영, 공생, 번영할 것이다.

동학과 서구 기독교

서구 기독교는 폭력과 비폭력의 관계를 이분법적, 혹은 이원론적으로 다루는 경우가 대부분이었다.

첫째, 예수는 절대 비폭력주의자이자 절대 평화주의(absolute pacifist)로 해석되는 경우가 있다. 둘째, 예수와 기독교의 입장을 성전, 즉 거룩한 전쟁(holy war)으로 해석한 경우이다. 십자군 전쟁에서의 신학이 이런 경우이다. 셋째, 정당 전쟁(Just War theory)의 경우로 로마제국의 종교가 된 기독교가 로마제국을 지키는 논리로 정당 전쟁 이론을 이용했고, 성 어거스틴(St. Augustine), 토마스 아퀴나스(Thomas Aquinas), 미국 가톨릭 신학자 브라이언 헤어(Braien Hein)[1] 등의 학자가 이 이론을 지지했다.

반면 동학은 폭력과 비폭력을 이분법적으로 보기보다 상호 유기적으로 작용하는 것으로 보았다. 최제우가 검가(劍歌)를 지었는데, 거기에는 검을 사용해 폭력으로 혁명을 일으켜야 한다는 듯한 내용이 있으나 그 후 그는 '도(道)'를 실천하려면 폭력 혁명은 안 된다고 했다(道難作不可). 최제우는 폭력과 비폭력을 둘로 갈라놓는 것이 아니라 역설적으로 들리기도 하지만 둘이 하나이며 하나가 동시에 둘이라는 혼연일체가 되어 정의 실현을 위해 나아가는 역동적인 성격이라고 말하고 있는 것이다. 전봉준과 최시형 또한 전쟁 참여 등의 줄거리는 폭력과 비폭력을 두 개의 분리된 요인으로 해석

---

1) 하버드 대학교 신학대학원 기독교 윤리학 교수로 정당 전쟁 이론가이며 가톨릭교인이다.

하기보다는 상호 유기적인 하나의 맥으로, 주어진 상황에서 해석의 표출로서 나타나는 하나로 보았다고 해석할 수 있다.

전봉준의 참전과 무기 반납 그리고 재무장

전봉준은 주변에 모인 농민 수천 명의 요청으로 동학농민운동 지휘 장군역할을 맡아 무장 투쟁을 하게 되었다. 승전하고 있던 그는 일본을 본국으로 돌아가게 하려는 목적으로 텐진조약을 믿고 일본과 화해(화의)를 하고 무기를 반납했으며, 농민들은 귀향하도록 했다. 하지만 일본은 텐진조약을 무시하고 동학농민군을 계속 공격해 결국 한반도 전체를 식민지로 점령했다. 전봉준이 일본의 야욕을 한 번 더 생각했었다면 좋았을 법하다. 일본은 텐진조약을 지키지 않았고 침략만을 목적으로 행동했다.

전봉준은 무기를 반납하지 말았어야 했고, 정부군은 전봉준의 군대 및 보부상군과 손잡고 연합군을 조직해 일본군을 쳐냈어야 했다. 정부군과 동학농민군이 분단된 것이 잘못이었다. 농민, 민중, 정부가 하나가 되었어야 했는데, 오히려 이미 분단된 것을 일본이 악용해 정부군과 보부상군을 지배했고, 일본군, 정부군, 보부상군 삼자가 농민과 민중을 공격하는 잘못된 외세 종속 구조가 되었다.

일본의 목적은 한반도를 정복, 착취, 노예화하는 것이었다. 한반도 내전을 종식시키고 한반도 민중을 위한 평화를 이루는 것이 목적이 아니었다.

북한의 중학교 교과서는 전봉준이 전략적으로 실수를 했고 실패했다고 평가한다.[2] 이러한 차원에서 전석담의 전봉준 평가는 중요하다.[3]

---

2) 이는 북한 중, 고등학교 교과서를 참조한 것이다.

잘못된 연합군 구조

앞에서 말했듯이 정부군, 보부상군, 동학농민군 3자 연합군이 일본을 쳐 냈어야 했다. 그러나 정부군, 보부상군, 일본군이 3자 연합으로 동학농민 군을 공격해 결국 동학농민군이 패전하고 수십 만 명이 전사했으며, 정부 군이 일본의 지배하에 들어가게 되면서 한반도는 일본의 식민지가 되었다. 1945년 일본이 제2차 세계대전에서 패전하면서 남북한은 분단되었고, 미 국이 한국 내 잔존했던 일본 기술 관료, 경찰, 군인 출신을 다시 채용해 군 정에 활용하면서 이들이 군, 경찰, 정부 등의 요직에서 구조적으로 권력을 형성하는 결과를 낳았다. 미국은 일본에 충성했던 사람들은 미 군정에도 충성할 것이라는 판단하에 이들을 활용했고, 그 결과 한반도에서 독립군들 을 살해했거나, 독립 운동을 하는 사람들을 극심하게 고문했거나, 총독부 의 책임 구조하에서 일했거나, 매국노 역할을 했던 극심한 친일 인사 중 일 부가 1945년 일본 패망 이후에도 사회, 문화, 군, 정치 분야 요직에 채용되 었다.

이러한 일본 식민지 권력 구조의 계승은 1905년 가쓰라-태프트밀약으 로 일본이 한반도를 점령해 지배하는 구조를 미국이 묵인하면서 1945년 이후에도 미·일 상호 협력 구조가 연장된 것이라고 평가할 수 있다.

결국 미국과 소련에 의한 38도선 분단은 미국의 한반도 정책의 영향을 받아 오늘날까지 휴전선으로 남아 있고, 동시에 일본이 한반도에서 정치,

---

3) 전석담은 동학농민운동(1894)을 특별한 입장으로 해석한다. 한국 학계의 입장과 대 응되는 입장이다. 전석담, "The Tonghak Peasnats' Unrest as a Suming-up of the Feudal Society of the Yi Dynasty." *The Economic History of Korea*(박문출판사, 1949) 참조; Noh, Jong-Sun, *Religion and Just Revolution*.

경제, 군사적인 영향력을 행사하는 정책을 미국이 의도적으로 추진하고 있는 것은 아닌지 하는 의심을 하게 한다.

미국과 일본은 1952년 샌프란시스코에서 한반도 문제를 정리하는 데 긴밀하게 협력하면서 한반도를 대상화했고, 미·일의 결합 구조는 2015년 한반도 정책의 기조를 이루고 있다.

최제우 선생과 한반도 정세

필자는 최제우 선생이 선생 자신을 학문적으로 연구하기보다는 "나를 따르라, 분단을 통일 한반도로 만들라"라고 요구할 것이라고 생각한다.

최제우 선생은 한반도의 분단 구조를 통일 구조로 전환하도록 제안할 것이다. 또한 미국과 일본이 한반도에 결정적인 영향을 끼치며 지배, 간섭하는 구조에서 벗어나 자주적·통일 지향적이 되라고 제안할 것이다. 한반도 내의 남남 갈등에서 가난하고, 소외당하고, 억압당한 민중의 입장에서 문제를 풀어야 할 것이다. 불의하게 권력을 차지하고 있는 일부 지배층, 돈을 벌 수 있다면 전쟁을 일으켜서라도 이윤을 극대화하려는 일부 군산 복합, 주변 강대국들을 우상숭배하는 사대주의적·외세 의존적 세력에게서 거듭나도록 요구할 것이다. 민족, 민중의 자주적인 힘을 구축하고, 종속적·외세 의존적인 국내 세력에게 종속적인 체질을 버리라고 요구할 것이다. 분단을 토대로 강대국들이 한반도를 분열시켜 지배하고 점령하는 구조를 혁신하도록 요구할 것이다. 즉, 한반도는 자주적인 구조로 전환해야 한다.

남북한의 경제 격차는 30 : 1 정도로 극심하다. 이 간격이 좁아지고, 최소한의 식량을 나누는 것을 기본으로 남북한 경제는 강력한 경협 구조로 서로 협력하고, 상생하는 경제 통일적 구조로 전환되어야 한다. 조선시대에는 경제 분단이 없었다. 그 구조를 다시 회복해야 한다.

　남북한 경색 국면에 접어들면 남북한이 모두 손해를 보게 되고, 제3의 세력이 한반도를 다시 조종, 조작하게 하는 길을 열어주는 것이다. 국제적인 대북 경제 봉쇄에서 벗어나 북한과 경제협력을 함으로써 남북한이 경제 통일 방향으로 나아가는 것이 대규모 전쟁을 방지하는 길이 될 것이다. 이것이 예방 경제이다. 살상을 하는 전쟁으로 갈등을 풀려고 하지 말고, 경제로 갈등의 근본을 해결하는 것이 예방 경제라고 할 수 있다.

9

/

분단 극복 전략과 새 틀 짜기*

북한의 핵개발 경향과 원자력발전소 건설 추진, 그리고 원폭 판매

북한은 4차 핵실험을 했고, 수소폭탄까지도 준비할 것으로 보인다. 플루토늄 탄을 기초로 수소를 추가해 수소폭탄을 제조하는 것은 비교적 어렵지 않은 핵 화학 과정이기 때문이다. 동시에 북한은 아마 2015년 정도에는 원자력발전소를 자력으로 완공할 가능성이 아주 크며, 2016년에는 완공하려고 노력할 것으로 평가된다. 따라서 북한은 핵 사이클(nuclear cycle)을 완료하는 국가가 될 것이다. 북한은 이란 등에 핵무기를 10억~100억 유로 수준으로 판매할 경우 현재의 경제 난관을 돌파할 수 있다는 사실을 잘 알고 이를 기획할 가능성이 있다. 그러나 아직 스스로 핵 확산[1]을 막겠다고 천

---

* 이 장에는 '열린평화포럼(2010. 3. 25)', 연세대학교 백양 세미나(2010. 1), 노정선, 『동북아 평화를 위한 패러다임의 전환』 등에서 발표, 언급한 내용과 동일하거나 중복되는 부분이 있다.

명하며, 필요 이상의 핵무기는 만들지 않겠다고도 말하고 있다.

이러한 상황에서 한국과 미국은 Oplan 5027, Oplan 5029, Oplan 5030호[2]로 북한 사회에 심리적 불안감을 조성해 내란 등을 통한 북한 붕괴를 유도하고, 군사적 점령, 미군 통치, 그리고 Oplan 8022 등의 전략으로 한반도 상황을 글로벌 전쟁 시나리오 안에서 기획하고 있다. 한·미·일 3자 공조를 강화하면서 핵심은 미·일 공조의 틀 안에서 한반도를 취급하는 것이다. 1950년 1월 애치슨라인(Acheson line) 선포로 한반도를 미국의 방어선 밖에 두었던 과거 미 국무성 발표가 오히려 한국전쟁을 유도했을 수 있다는 해석도 있다.[3]

일본은 현재 수천 개의 핵무기를 제조할 수 있고, 대륙간 탄도미사일(H2B)을 보유, 가동하고 있다. H2B는 전 세계 어디든지 공격할 수 있는 무기가 될 수 있지만 평화적으로도 사용될 수 있다. 일본 민주당 등은 독도를 일본 영토라고 주장하고 있다. 그들은 한반도가 일본의 점령으로 득을 많이 보았고 중국의 지배를 받은 것보다 더 이익이 되었다고 생각한다. 일본은 극단적·적대적으로 북한을 대하면서 과거 일본이 북한 사람들을 납치, 학살, 착취한 데 대한 보상, 배상을 하지 않고 있고, 도덕적으로도 뉘우치지 않고 있다. 반면 북한이 일본인들을 납치한 것에 대해서는 강한 분노를

---

1) 북한은 '핵무기 전파 방지'라는 용어를 사용한다. 영어로는 'non-proliferation'이다.
2) 노정선, *Story God of The Oppressed* 참고. 이 책 '첨부(Appendix)' 부분에 이 작전들이 자세히 소개되어 있다.
3) 당시 국무장관 딘 애치슨(Dean Aecheson)이 1950년 1월에 한반도와 일본 사이에 선을 그어 발표했다. 전쟁이 나면 일본만 방어하고, 남한은 방어하지 않겠다는 말이다 (defensive periphery include Japan only). 필자는 2014년 6월 미국 국무성 대북인권 특사 로버트 킹(Robert King)을 90분간 만나 애치슨 선포로 한반도에 막대한 피해를 준 것에 대해 강하게 따졌다. 킹은 '애치슨의 실수(mistake)'였다고 변명했다. 미국 국무성이 한반도 인권을 유린한 것이다.

표출하면서 강력한 경제제재를 가하고 있다. 극도의 긴장을 고조시키면서 일본의 군대, 산업, 정치, 학문, 종교의 복합적인 이익을 추구하고 있는 것이다. 일본 자위대는 전 세계에서도 가장 강력한 군대 수준을 갖추었다. 이들은 또다시 다른 나라를 침략할 수 있는 세계 5위 이내의 강력한 무기체계를 갖추고 있다. 일본 우익은 전쟁 포기, 국가 교전권 불인정 등을 규정한 '평화헌법(제9조)' 개정까지 추진해 필요하다면 언제든 전쟁을 일으킬 수 있는 요건을 정비하고 있다.

이제 한국은 안보 대응을 해야 한다. 이미 너무 많은 시간을 지체했다. 한국은 현재 0kg의 플루토늄을 소유하고 있다고 평가된다. 북한은 약 50~60kg 수준의 플루토늄을 보유한 것으로 해석되지만 이보다 더 많은 핵물질을 외부에서 도입했을 수도 있고, 앞으로도 지속적으로 무기급 핵을 생산할 것이며 현대화된 핵실험을 지속할 것이다. 북한은 핵 군축에 참여해 핵무기 확산 방지, 안전 관리에 대한 세계의 노력에 참여할 것이라고 발표했다.[4] 그러나 북한은 적어도 3~24개월 만에 수소폭탄을 보유할 수 있는 모든 능력을 정비하고 있다고 판단된다. 2010년 5월 북한은 핵융합에 성공했다고 발표했다. 핵융합은 평화적인 에너지로 활용될 수도 있으나 현재 지구상에서 상업적 가치가 있는 융합에 성공한 나라는 없으며 한국도 KSTAR에서 3초 정도만 성공한 것으로 발표되었다. 수소폭탄 개발은 미국, 러시아, 중국 등 여러 나라가 성공했고, 북한도 그 기초 능력을 곧 보유하게 될 것이다.

따라서 한국은 일본의 핵능력에 대응하는 수준으로 43톤의 플루토늄을 70% 농축 수준으로 보유해야 한다. 또한 핵 재처리 시설을 즉시 확보하고,

---

4) 홍진수, "북 "핵보유국들과 동등한 입장서 군축 참여", ≪경향신문≫, 2010년 4월 22일 자.

재처리를 시작해야 한다.

일본이 축적한 43톤의 플루토늄과 대륙간 탄도미사일(H2B, H2A)에 대비하는 차원에서 한국도 유사한 수준의 미사일을 보유해 일본의 군사 위협에 대한 국방 대비를 해야 한다.

일본 기업 도시바와 빌 게이츠(Bill Gates)의 원자로 개발 합의는 핵 사이클을 완료시키는 기술에 근거한 것이다. 한국은 핵 사이클 완료와 관련된 모든 시설을 확보해야 한다. 그리고 남북한이 핵에너지와 기술, 물질을 확보하는 데 공동체로 단결해 공동 번영, 공리의 길로 나아가야 한다. 북한의 평산 우라늄 광산을 한국이 사용하고, 한국의 핵기술을 북한과 공유하며, 남북한이 핵 공동체로 세계의 새로운 강력한 핵능력을 보유하도록 하는 틀을 신속하게 구축해야 한다.

북한에서는 4개의 원자력발전소 공사가 모두 중단된 상태이다(신포에 2기, 태천 영변 등에 2기). 미국 등의 국가는 약속대로 두 개의 경수로(200만 kw)를 완공시키고, 20년 거치 20년 상환으로 전기 생산을 할 수 있게 해야 한다(1994년 제네바합의, 2005년 9·19 북경합의 제1조 다섯 번째 단락). 북한은 자체 건설 중이었던 태천과 영변의 250만kw 흑연감속로를 경수로 등으로 완공해 전기 공급을 충분히 해야 한다. 미국은 이를 폭격하거나 폭격을 위협하거나, 저지하는 어떠한 일도 해서는 안 된다. 다시 말해 1994년 이후 지속된 북한에 대한 원자력발전소 에너지 봉쇄를 중단해야 한다. 북한은 외부에서 계속적으로 봉쇄당한 상태에서 곧 자체 능력으로 원자력발전소를 가동하는 것을 보여주겠다고 발표했다.

분단 극복 전략

일본은 북한에 일제강점기 시기의 정신대 강제 동원 등으로 인한 성노예 학살 등의 배상금으로 200억 유로를 즉시 지불하고, 북한과 평화협정을 맺고, 경제제재를 중단해야 한다. 즉, 김정일-고이즈미 평양회담에서 나온 평양선언을 즉시 실천해야 한다. 이것이 국교 정상화와 평화 정착의 첫 단계이다. 일본은 북한에 대한 적대관계를 종료하고, 상호 협력, 국교 정상화 단계로 들어가야 한다. 이것이 일본의 안보 불안을 제거하는 길이다.

유엔은 유엔 안보리 결의 1874호를 중단해야 하며, 제19조에 따라 즉시 개발 지원과 인도적 지원을 해야 한다.

미국과 북한이 평화협정을 하고, 남북한과 중국이 단계별로 평화협정을 하고, 모두 합쳐 다시 한국, 북한, 중국, 미국이 총체적으로 평화협정을 해 그 효력이 발효되도록 해야 한다. 이는 미분한 후 적분하는 전략이다. 이렇게 해서 총체적으로 휴전협정을 평화협정으로 바꿔야 한다. 한국 정부는 북·미 간 평화협정을 하면 한국이 소외될 것이라는 단기적인 우려에 묶여 큰일을 그르치지 말아야 한다. 북·미 평화협정과 남북한 평화 체제 구축을 동시에 두 개의 트랙으로 추진해도 좋다. 미국은 북한과 모든 국교 수립을 하고 대북 경제제재를 즉시 중단해야 국익에도 도움이 된다.

남북한 간 평화협정은 경제 공동체를 건설하고, 식량 등 인도적 지원을 하고, 원자력 공동체 등을 조건 없이 건설, 추진하고, 추후에 다른 문제들을 협의하는 단계로 추진해야 한다. 과거 통일 한반도 상태로 회복시키는 남북한의 단결을 보여주어야 한다.

세계를 먼저 비핵화해야 한다. 미국이 1500개의 핵무기를 보유한 상태 그대로 비핵화하는 것이 아니라 미국도 모두 비핵화하는 단계를 먼저 실천하고, 러시아, 중국, 이스라엘, 인도, 파키스탄, 영국, 프랑스 등도 모든 핵무기를 폐기한 후 그다음 단계로 세계의 비핵화를 추진해야 한다. 이 모든 것이 완료되는 단계에 이르기까지의 중간 기간에는 현재 상태를 존중하고, 상호 적대관계를 조건 없이 먼저 철회하며, 경제제재 등을 중단해야 한다.

나아가 금강산 관광 및 개성공단 사업을 즉시 재개하고, 추후에 필요한 작업을 추가해야 한다. 이미 북한은 중국 관광 업체를 통해 금강산 관광객을 유치하고 있고, 금강산에 투자된 한국 자본을 동결했다. 이는 더욱더 확대될 가능성이 있다. 한국이 외화를 봉쇄하는 작전을 쓰면 북한은 중국에서 외화를 버는 대안을 쓰고 분단 관계는 더욱 견고해지게 되는 것이다.

전쟁 위기 관리능력의 부재

남북한의 심리적·경제적 갈등을 지나치게 고조시키는 것은 위기관리를 지혜롭지 않게 처리하는 것이다. 국민의 심리와 안전 전체를 볼모로 긴장과 갈등을 고조시키는 행동을 즉시 중단해야 한다. 국민은 정치인들의 볼모가 아니다. 전쟁은 문제 해결의 도구가 될 수 없다. 전쟁을 하지 않고 이겨야 하는 것이다.

Oplan 5029, Oplan 5030을 과격하게 추진하면 오히려 불필요한 전쟁을 도발하고, 우발적·의도적으로 국민 수백, 수천만 명을 사망하게 하고, 국토를 초토화시킬 수 있다. 한국의 경제 발전을 수포로 돌릴 수도 있다. 이 우발적 사고를 포함해 전쟁을 막을 수 있는 대안이 현재에는 극도로 부실하다. 안보 불감증, 전쟁 위기관리 무능 및 전쟁 방지 전략의 부실이 국민 전체를 전쟁의 도가니로 몰아넣고 있다. 또한 일본의 한반도 재침략과 핵침략을 방어할 준비가 되어 있지 않다는 사실을 깨달아야 한다. 일본은 독도를 일본 영토라고 주장하며, 앞으로는 한반도 전체가 일본 영토라고 주장할 가능성을 열어놓고 있다. 북한을 붕괴시키려는 작전과 내란 및 불안을 조성해서 북한을 해체, 붕괴시키려는 조급한 작전은 오히려 대규모의 재앙과 전쟁을 발발시키는 위험을 안고 있고, 국민의 생명을 위태롭게 하는 서투른 정치일 수 있다. 특히 종교인들의 북한 선교 등의 활동이 부분적으로 일부의 이익을 위해 악용되면서 그 순수성이 파괴되고 있는데, 종교인들은 Oplan 5029, Oplan 5030 작전에 구체적으로 이용 혹은 투입되는 등의 일은 하지 말아야 하고, 북한 선교는 남북한 선교 협력 개념으로 전환되어야 한다.

전 세계에 은폐, 엄폐된 채 작업을 하는 민간 경비 기업, 상업적인 용병 기업[5] 등의 군사 도발로 대규모 전쟁이 발발하도록 해서는 안 된다.

가쓰라-태프트밀약이 2015년에도 지속되는 것을 막기 위해 남북한이 단결해 강대국이나 군산 복합 용병들의 '분열시키고 정복하는(divide and rule)' 은폐된 전쟁과 전략에 말려들어가지 않도록 해야 한다.

한국은 화해, 상생, 경제 번영을 위해 경제제재를 종료해 최대한 신속하게 경제협력을 강화하고, 금강산 관광을 다시 시작하고, 군사제재를 종료하고, 교류와 협력을 강화시켜야 한다. 유엔 안보리 결의 1874호를 즉시 종료하고, 남북한은 근본적으로 지금까지의 모든 것을 용서와 화해와 동포 사랑의 정신으로 전환해야 한다. 동포 사랑을 최고의 기준으로 삼고, 군사 대결, 경제제재를 중단하고 새로운 패러다임으로 전환해야 남북한이 모두 살 수 있다.

조건 없이 동포 사랑을 실천하고, 굶주리는 동포를 위해 식량을 조건 없

---

5) 블랙워터스(Black Waters) 같은 기업 등이 아프가니스탄, 이라크 등지에서 전쟁이 일어나도록 음모를 꾸며 이익을 내려는 작업을 하고 있고, 한반도에서도 이와 같은 작업을 할 가능성이 열려 있다.

이 지원하고, 경제 지원을 하는 것이 더 크게 이기는 길이고, 더 크게 승리하는 길이다. 작은 심리적인 보상을 위해 민족이 공멸하는 어리석은 선택을 해서는 안 될 것이다.

✔ 분단 극복을 위해 시급히 해야 할 일

· 남북한은 상호 적대 정책을 우호 정책으로 전환하고 경협을 통해 함께 번영하도록 해야 한다.
· 동포 사랑을 회복해야 한다.
· 북한에 밤나무 6억 그루를 심고, 남북한 경제 공동체를 구성해야 한다.
· 남북한 핵에너지 공동체를 만들어야 한다.
· 미국과 일본은 대북 적대 정책을 중단하고 친선 우호관계로 전환해야 한다.
· 반기문 유엔총장은 대북제재를 종료해야 한다.
· 한반도 전쟁을 도발하는 외부 세력을 파악하고 이에 대처해야 하며, 남북한은 쌍방 혹은 상호 모욕적인 발언으로 공격하는 것을 중단해야 한다.
· 서해에서의 상호 군사 공격을 중단해야 한다.
· 혁명적인 인내를 실천해야 한다.
· 부드러운 것으로 강한 것을, 악을 선으로 이겨야 한다.

10

/

중동 전쟁과 기독교의 평화 역할

강대국의 석유 탐욕과 침략

이라크에서 무진장의 석유를 발견한 영국의 지질학자들은 영국 정부에 이라크의 한 지방이었던 쿠웨이트를 점령해 석유를 빼앗으라는 전략적인 제안을 했고, 영국은 결국 1897년 이라크의 지방이었던 쿠웨이트 지역을 점령해 이라크로부터 떼어내기 시작해 결국 영국 지배 식민지로 강제 통합하는 데 성공했다. 이라크는 세계 제2위의 석유매장량을 가진 나라였다.

기독교인이 다수였던 영국은 실질적으로 기독교를 방패삼아 석유를 빼앗기 위한 이슬람 지역 침략을 마치 하나님의 명령을 수행하는 듯한 논리로 정당화했다.

1990년 8월 2일 이라크 사담 후세인(Saddam Hussein) 대통령은 잃어버린 땅을 다시 찾기 위해 쿠웨이트를 공략해 피 한 방울 흘리지 않고 불과 3시간 만에 항복을 받아냈다. 후세인은 이 전쟁을 도둑질당한 것을 다시 찾은 것이라고 평가하며 정당한 국토 회복이라고 주장했다.

영국과 미국에 의존했던 대다수 국제 기독교 세력은 후세인을 인정하지 않았다. 후세인을 국제법 위반자, 침략자, 범죄자로 평가하고, 34개국이 합세해 1991년 1월 17일~2월 28일까지 쿠웨이트에서 이라크 군을 몰아내는 데 성공했다.

세계는 후세인을 국제적인 침략자로 해석했지만 이슬람교의 입장은 그와 정반대였다. 이 전쟁이 이슬람교와 기독교의 전쟁처럼 그려졌으나 사실은 욕심을 달성하려는 일부 군사, 정치 세력들의 침략 전쟁이었을 뿐 종교 전쟁이 아니라는 것이었다. 그러나 동시에 기독교인으로 자처한 일부는 구약성서 구절들을 증거로 인용해가면서 이 전쟁이 정의를 달성하기 위한 전쟁이고, 하나님의 거룩한 전쟁이라고 주장했다. 도널드 슈라이버(Donald W. Shriver)[1] 박사는 이는 성서를 자신들의 나쁜 목적을 정당화하기 위해 악용한 사례라고 평가했다. '이웃의 것을 탐하지 말라, 도둑질하지 말라, 거짓 증거 하지 말라'라는 십계명을 위반했다는 것이다.

백악관 주최로 걸프 전쟁 출정 예배를 드릴 때 부시 전 대통령의 축복기도 요청을 거부한 미국 성공회 주교들은 미국의 걸프 전쟁이 불의하다고 판단한 것이다. 결국 빌리 그레이엄(Billy Graham)[2] 목사의 축복기도로 출정 예배를 드렸다. 이 전쟁에서 20만 명 이상의 사망자가 나왔고, 거의 모든 이라크의 탱크가 파괴되거나 불능화되었다. 미군과 영국군은 우라늄을 넣은 포탄에 야시장비(Night Vision Device)를 가지고 있었지만 이라크군은 이러한 무기와 장비가 없었다.

---

1) 미국 하버드 대학교에서 박사학위를 받고, 뉴욕에 있는 유니온 신학대학 총장을 오랫동안 역임했다.
2) 성공회 주교들과 감리교 감독들이 모두 전쟁 출정 예배를 거부할 때마다 두 번에 걸쳐 축복기도를 허락했다.

이라크 어린이 50만 명 정도가 백혈병에 걸린 것은 열화우라늄탄(Depleted Uranium: DU) 때문인 것으로 의심된다. 평화운동가이며 기자인 이시우 씨는 열화우라늄탄은 주한 미군이 보유하고 있다고 주장했으며, 이로 인해 거의 2년간 재판을 치러 결국 무죄 판결을 받았다.

2003년 3월 20일 미군과 다국적군(주로 영국군)은 이라크를 공격해 불과 2주 만에 거의 모든 지역을 점령했다. 출정 예배에 감리교 감독을 초청했으나 그는 부시가 잘못된 목적, 즉 석유 탈취를 위해 침략하는 것이고 정의의 전쟁이 아니라고 판단해 축복기도를 거부하고 부시와 면담을 요청했다. 부시는 면담을 거부하고, 그의 정책을 지지하는 목사를 초청해 축복기도를 받았다. 이라크 전쟁은 있지도 않은 대량살상무기를 제거하기 위한 전쟁이 아니라 석유를 빼앗기 위해 거짓말로 위장한 침공이었다는 것이 사실로 드러났다. 영국 수상도 거짓말을 한 것으로 드러나 곤욕을 치렀다.

부시 대통령은 2002년 1월 이라크, 이란, 북한을 악의 축으로 선포하고, 2001년 9·11 테러로 세계무역센터가 붕괴된 것과 수천 명의 미국인들이 사망한 것에 대한 책임을 물었다. 또한 2002년 6월에는 핵무기로 이들 국가에 선제공격을 하겠다고 선언했다. 핵무기는 전쟁을 억제, 억지하기 위한 것이다. 부시는 핵을 선제공격용으로 사용하겠다고 말한 최초의 사람이 되었다.

이에 이라크는 스스로 무장해제를 하면서 사찰을 받았고, 몇 개 되지 않는 구식 미사일마저 해체해 국외로 송출할 정도로 미국에 철저하게 협력했다. 반면에 북한은 이에 대한 대응으로 2002년 10월 핵무기를 가지고 생존권, 주권을 지킬 권리가 있다고 천명하고, 영변의 사찰단을 추방하고, 다시 플루토늄 처리를 시작해 핵무기를 준비해나갔다.

북한은 2003년 미군이 북한을 공격할 것이라고 예측하고 이에 대비했지만, 2006년 10월에서야 처음 핵실험에 성공했다. 2009년 5월에 2차 실험을 했고, 2015년 4차에 성공했으며, 5차의 순서로 나갈 것으로 예측된다. 수소폭탄도 만들 것으로 보이며, 원자력발전소도 자체 힘으로 건설해 2016년 정도를 전후해 국제사회에 보여주려는 계획을 세우고 있을 것이다. 미국은 1994년부터 지금까지 북한이 원자력발전소를 가지지 못하도록 모든 봉쇄와 제재를 하고 있고, 앞으로도 이 전략을 유지할 것이다. 그럼에도 불구하고 북한은 발전소를 가지게 될 확률이 아주 높다.

걸프 전쟁, 이라크 전쟁 다음의 전쟁 무대는 한반도라는 주장이 있다. 한반도에서 전쟁이 발발하도록 유도해서 물질적인 탐욕을 채우려는 일부 사람들이 있다. 이들은 세력을 만들고, 성서 구절들을 인용해 불의한 의도를 위장하고 있다. 구약성서 구절도 인용해 정당한 전쟁처럼 은폐, 엄폐를 한다. 더 이상 이처럼 석유, 가스 등의 물질들을 차지하기 위한 대량 살상 전쟁을 허용해서는 안 된다.

세계 기독교의 실패와 절망, 그리고 중생과 평화

일부 기독교인들은 중동에서 이슬람교인을 적으로 여겨 대량 살상하고, 세계 도처에서 대량 살육전을 하면서도 그 범죄적인 행동을 그만 두지 못하고 있다. 그들은 수십만 명의 민간인을 학살하고 있고 아직도 죄를 짓고 있다.

원수를 사랑하기는커녕 가짜로 원수라고 규정해놓고 그들의 석유를 빼앗고, 그들의 토지를 '합법'이라는 거짓 법을 만들어 강탈하고, 국제법을 만들어 이 범죄를 은폐하고 있다. 이기적인 목적을 위해 국제기관에서 잘못된 법을 통과시키고, 국제적인 조직을 동원해 소외시키고, 억압하고, 테러를 자행하고, 대량 살상을 하는 전쟁을 한다. 사실상 식민지로 만들고 성서

구절을 왜곡해 예수님의 말씀이라고 은폐, 엄폐하는 사람들이 있다. 이 사실을 인정하고 그들에게 토지를 돌려주어야 한다. 특히 팔레스타인의 토지를 돌려주어야 한다. 이들의 석유, 인권, 생존권, 생명, 주권을 돌려주고, 이들이 입은 피해에 대한 보상, 배상을 해야 한다.

평화는 가난한 약자들에게 탈취한 것들을 돌려주는 경제 정의를 실천하고 군사적으로 살상을 중단하는 데서 시작하며, 이를 위해 기도와 참회와 성령의 인도를 따르는 데서 시작되어야 한다. 중동 선교는 평화 선교여야 한다. 중동에서 돈을 벌기 위해 대량 살상에 참여한 사람들이나 그런 단체나 회사들이 주는 돈으로 선교 활동을 조직하면 안 된다.

중동의 전쟁은 곧 한반도의 전쟁과 직결된다. 불의한 음모로 한반도에 전쟁을 일으켜 돈을 벌려 하고 제국 패권을 확장하려는 집단이 있다. 제국 음모 집단이 좌, 우, 중도, 진보, 보수의 모든 얼굴을 하고 주는 돈을 받아서 그들의 불의한 이익을 위해 일하는 것은 예수님의 평화 선교가 아니다. 하나님을 슬프게 하는 일을 하지 않으면 한반도와 중동에 진정한 평화가 올 것이다. 누가 무슨 목적으로 주는 선교비인가를 파악하고 평화 선교를 해야 한다. 한반도가 일본의 핵 침공을 방어하기 위해서는 즉시 재처리 시설을 확보하고 일본과 동일한 수준의 플루토늄을 확보해야 한다. 요엘서 3장에 요엘이 예언한 것을 읽어야 한다. 그러고 나서 미가 4장을 읽어야 한다. 미가만 읽어도 안 되고 요엘서 3장만 읽어도 안 된다. 또한 누가복음 24장 이하를 읽어야 한다. 요엘은 보습을 쳐서 칼을 만들라고 예언하고 있고, 미가는 칼을 쳐서 보습을 만들라고 한다. 요엘서가 먼저 기록되었고, 그 후 미가서가 기록되었다는 역사적 사실을 알아야 한다. 누가는 "칼이 없는 자는 겉옷을 팔아서라도 칼을 사라"라는 예수님의 말씀을 기록했다.

솔러즈 위원장은 김대중 전 대통령이 재야에서 어려움을 당하고 있을 때 그를 크게 도왔다. 그럼에도 불구하고 김대중과는 반대로 그는 항상 북한의 영변 핵 시설을 즉시 폭격해야 한다고 설득하고 다녔다. 전쟁이 나봤자 국지전 밖에 나지 않으니 북한을 폭격하라는 것이었다. 그는 미국인으로서 이스라엘의 이익을 위해 일하는 사람이었다. 이스라엘의 이익을 위해서는 북한을 폭격하고 핵 시설을 없애야 했다. 그는 이러한 국부전이 남북한의 대량 살상으로 연결되었던 1950년의 전쟁보다도 더 큰 전쟁으로 확대되어 한반도 민족이 공멸할 수 있다는 것에는 관심이 없었다.

오늘날에도 국부전을 일으키는 군사 보복을 주장하는 사람들이 있다. 이 보복은 상호 상멸, 즉 서로가 서로를 다 죽이는 것으로 끝이 날 것이다. 누가 이들의 뒤에서 이들을 조정하는 것일까?

못마땅해도, 용서할 수 없어도 경제협력을 하고 경제 통일로 나아가면서 일본이 만든 핵무기와 대륙간탄도탄이 한반도를 공격하는 것을 방어해야 한다. 한반도에 국지전에 나면 일본군은 즉시 바다와 공중을 활보하면서 작전에 참여할 것임을 알아야 한다. 그들은 이를 빌미로 독도뿐 아니라 한반도 전체를 점령하려고 할 것이다. 중국과 합치는 것보다 일본과 합치는 것이 좋지 않겠냐고 말하면서 말이다. 남북한의 가장 큰 주적 중 하나는 일본이다.

11

/

동북아시아 평화를 위한 패러다임의 전환

과거에 대한 화해와 재구성이 필요하다. 강대국의 희생양이 되어온 약소민족, 약소민, 약소국가, 약소 집단의 인권, 생존권, 주권을 존중해야 한다.

경제, 생태 보전, 식량은 곧 인권이다. 개인 안보 확보 또한 인권이다. 현재 제국들의 뜨거운 전쟁[熱戰]으로 인한 신식민지 지배에서 해방되는 것이야말로 인권 해방이다. 제3차 세계대전을 중단해야 한다. 제국 경제 집단의 약소민에 대한 군사 침략, 경제 착취 전쟁을 중단해야 한다.

해결을 위한 대안

동북아시아 강대국 세력이 뉘우치도록 만들어야 한다. 미국, 영국, 프랑스, 독일, 네덜란드, 러시아, 중국, 일본 등 강대국들은 약자들을 희생시켜온 과거와 현재와 미래를 반성하고 다시는 약육강식을 하지 않겠다고 결심해야 한다. 나아가 이를 평화조약, 인권조약으로 법제화하고 실천해야 한다. 비정부기구(NGO)는 이를 위해 강대국에 압력을 가하고 이들을 설득하는 노력을 해야 한다. 미국, 북한, 중국, 한국은 휴전협정을 평화협정으로 즉시 전환해야 한다.

강대국들 스스로 먼저 핵무기를 모두 폐기하고, 준핵무기, 즉 열화우라늄탄, 생화학탄, 집속탄(Cluster bomb, JDam) 등을 폐기해야 한다. 약소국들의 핵무기 폐기를 위해 경제제재, 금융 봉쇄를 하고, 유엔과 국제기구 등의 국제 연대로 문화 및 외교 제재를 하는 것은 차후의 문제이다. 미국, 러시아, 영국, 프랑스, 중국, 이스라엘, 인도, 파키스탄 등이 핵무기를 폐기하는 것이 먼저이다. 그러고 나서 약소국들이 핵무기와 준핵무기를 폐기하도록 해야 한다. 이 순서를 반대로 하려는 것이 현재 상황이다.

강대국은 북한에 대한 경제제재를 취소해야 한다. 미국, 일본 등은 북한의 경제 지원, 경제협력으로 윈-윈하는 협력을 해야 한다.

한·일 조약, 샌프란시스코 조약 등을 이유로 들면서 회피하는 것은 양심 불량이고, 궁극적으로 일본인들의 양심을 역사적·문화적·도덕적으로 타락하게 만들어서 일본 자체의 생존에도 불이익이 될 것이다. 또한 일본이 도덕적으로 멸망하는 원인이 될 것이다. 실제로 일본은 과거사 문제로 인해 국제적 신뢰를 잃고 있다.

6자 회담에서 2005년 9월 19일의 북경합의를 실천하기 위해서는 제1조 다섯 번째 단락 중 "5개 국가들은 북한에 원자력발전소, 경수로를 제공하는 것을 논의하기로 했다"라고 합의한 것을 지켜야 한다. 그러나 이에 대한 논의는 지금까지 한 번도 이루어지지 않았다. 이 약속을 실천해야 한다.

제네바합의에서 미국은 북한에 경수로를 제공하고, 북한은 이 값을 지불하기로 했지만 미국이 먼저 이를 위반했다. 또한 미국은 북한에 핵무기로 선제공격하겠다고 위협하지 않는다고 해놓고 부시 대통령이 2002년 6월 이를 위반했다. 대북 경제제재를 완화하겠다고 한 약속과 북한과 외교 관계를 수립해 정상화하도록 한다는 약속 또한 어기고 실천하지 않았다. 미국과 일본, 한국 등 관계 국가들은 원자력발전소가 완공될 때까지 북한에 중유를 제공하기로 한 약속을 지키지 않았다. 북한이 핵무기를 폐기하기를 원한다면 이 모든 약속을 지켜야 한다.

유엔 안보리 결의 1874호는 대북 경제제재를 가하는 동시에 북한에 인도적인 지원과 개발 지원을 하도록 결의했다. 그러나 인도적 지원, 개발 지원은 제대로 이루어지지 않고 있다. 이를 지켜야 할 것이다.

현재 한반도 주변에서 벌어지는 강대국의 군사 대결을 중단하고, 미국과 중국, 특히 일본은 한반도 근해에서 전쟁 준비를 하는 것을 중단해야 한다.

1905년 가쓰라-태프트밀약을 통해 일본은 한반도를 점령하고, 미국은 이를 지원했으며, 영국도 일본과 동일한 조약을 맺었다. 이러한 일본과 미국, 일본과 영국의 비밀협약 구조는 지난 100년간 지속되었고 이로 인해 한반도 전체가 피해를 당했다. 이제 제2의 가쓰라-태프트밀약을 취소해야 한다. 미국은 베트남 전쟁에 참전하는 계기로 통킹 만 사건(Tongking Bay Incident)을 사용했다.[1] 맥나마라는 통킹 만 사건은 허구였다고 고백했다. 약소국을 악용하고 전쟁 산업의 이익을 얻기 위해 조작, 조종, 왜곡하는 모든 일을 폭로하고 중단시킴으로써 한반도에서 제2의 이라크 전쟁, 아프가니스탄 전쟁, 베트남 전쟁이 일어나지 않게 해야 한다. 미국은 한반도에서 통킹 만 사건과 유사한 조작을 하지 말아야 한다. 또한 이라크에 주둔해 있는 미군과 미 군속 8만 5000여 명을 한반도로 이동시키지 말아야 한다.

---

1) 미국은 월남의 통킹 만에서 월맹의 어뢰정들이 미국 해군 함정에게 어뢰를 발사했다고 주장했다. 당시 미국 국방장관 로버트 맥나마라(Robert McNamara)는 이 주장은 거짓이라고 고백했다(그의 책 『더 넥스트 워(The Next War)』(2005) 참조). 이라크가 대량 살상무기가 없었는데도 있다고 주장하고 이라크를 침공한 것과 유사하다.

일본은 독도가 1905년 이래로 일본 영토라는 주장을 폐기해야 한다. 이때는 일본이 전 한반도를 강제로 탈취하던 시기였다. 일본 정부와 의회가 명성황후를 살해하고, 고종을 독살하고, 위조된 문서로 한·일 합방을 했음을 고백하고, 수정하는 결정을 해야 한다. 이 한일합방문서에는 고종의 도장이 찍혀 있지 않았으며, 따라서 가짜 문서이다. 합방이 아니라 강권으로 한반도를 빼앗은 것이다. 일본 교과서에 이를 명기해야 한다.

일본은 현재 플루토튬 43톤 가량을 축적하고 재처리 공장을 계속 가동하고 있다. 이것이 핵무기 제조에 쓰이는 것을 감시해야 한다. 또한 '평화헌법(제9조)'을 수정하지 말아야 한다. 일본은 군비를 현재보다 50% 이상 절대적으로 축소하고, 세계 3위의 군사력을 유지하려는 계획을 폐기하고, 군사비를 동북아시아 빈익빈 부익부 경제를 중단하고 가난을 제거하는 데 대규모 투입함으로써 평화 국가로 거듭나야 한다.

또한 한국은 5년간 축적한 쌀 140만 톤을 즉시 북한의 굶주리는 동포에게 공급해 화해와 평화, 동포 사랑을 실천하고 전쟁 위기를 종식시켜야 한다. 남북한은 적극적인 경제협력으로 윈-윈하는 경제 통일을 이루어야 한다. 남북한이 경제협력으로 경제 안보를 달성하는 것이 전쟁을 막는 길이고, 강대국들이 한반도를 분단해 점령하려는 작전을 무산시키는 방법이다.

이를 위해 NGO는 최대한의 노력을 경주해야 한다. 자국의 선거운동, 경제적인 불매운동, 문화적인 자주권 운동, 인도적·인권적인 운동, 약자에 대한 식량 지원, 경제 지원, 경제협력, 군사적인 면에서 제국들의 전쟁에 대한 반전운동을 하고, 특정 다국적 군산 복합체들의 전쟁 돈벌이를 위한 전쟁 도발 음모를 중단시키고 폭로하는 일과 비폭력 문화 운동, 인간 안보(human security) 운동을 전개하고, 이를 위해 국제 연대를 해야 한다. 또한 유엔은 특정 약소국, 특히 북한에 대한 제재, 압박, 소외를 중단하고, 평화 교육 훈련과 조직을 해야 한다.

12

/

정의란 무엇인가?*

포스트 브레턴우즈 시대 통일-평화-정의의 예방 경제론

문화 충돌

한반도에서의 문화 충돌을 문화적인 화해로 전환해야 한다. 다양한 문화적인 역학과 심리적·군사적·경제적·문화적 충돌이 복합적으로 일어나고 있다. 이런 현상의 다양한 요인을 분석해 평화전략으로 전환해야 한다. 평화전략으로 문화 화해가 이루어지도록 하는 것이 현재의 지상 명령이다. 예방 경제 이론은 한반도의 평화와 통일을 추구하는 문화 화해에 기여할 것이다. 정의의 신학적 토대로 예방 경제 이론은 그 효력이 클 것이다.

정의(Justice)란 무엇인가? 정의의 신학적인 기초가 되는 문제들을 어떻

---

* 이 장은 필자가 학회 등에서 발표한 것들을 종합하고 발전시킨 것이며, 특히 「포스트 공산주의 시대의 통일평화문화의 예방 경제론」, ≪민족사상연구≫, 제21집(경기대학교, 2012)에 근거한 부분이 있다.

게 분석하고 대안을 제시할 것인가? 한반도의 강제 분단은 정의가 파괴된 것이다. 분단은 역사적으로 윤리 문제를 가지고 있다. 마이클 샌델(Michael Sandel)[1]이 정의의 개념을 추구한 방법으로 한반도의 불의와 정의의 문제를 해석하려 하면 결정적인 역사 자료 결손이 생긴다. 그의 방법으로 한반도의 정의 수립을 위한 개념을 추출하는 것은 지나치게 큰 한계를 가지고 있다. 한반도에서의 정의 개념을 정리하기 위해서는 한반도의 역사적인 사례를 정리해야 한다. 그에 근거해서 정의의 신학을 정립하는 것이 옳은 방법이다.

북한 문화와 한국 문화가 충돌하고 있다는 명제는 이 글에서 핵심이 될 것이다. 하버드 대학교의 헌팅턴은 그의 논문 「문화의 충돌인가?(Clash of Civilizations?)」에서 문화의 충돌이 전쟁으로 발전되는 경우가 있고, 다른 형태의 충돌도 일어나고 있다고 주장했다.[2]

남북한의 문화 충돌은 주변 문화, 즉 러시아 문화, 일본 문화, 중국 문화, 미국 문화가 한반도에서 충돌하는 것을 말하고, 복합적으로는 유교 문화, 기독교 문화, 전통 종교 문화가 충돌하는 것이다. 여기에 공산주의 문화와 비공산주의 문화가 한반도에서 충돌했으나 북한이 공산주의를 포기하고 폐기함에 따라 이 충돌은 실종되었다.

이러한 현상은 북한에서 2009년에 명확하게 획을 그었다. 남북한은 본래 수천 년 동안 같은 문화였다. 그러나 다양한 변형과 차별이 발생했다. 그 원인은 다양하다. 현재의 남북한 갈등은 문화의 충돌로 설명할 수 있다. 그 문제를 평화적으로 해결하기 위한 대안은 문화의 충돌을 문화의 화해와 화합으로 평화적으로 해결하는 것이다.

---

1) 마이클 샌델, 『정의란 무엇인가』(김영사, 2010).
2) Samuel Huntington, "Clash of Civilizations?."

백인 주도의 유럽 문화가 미국을 지배하는 세력이었고, 그 확장이 한국에서 이루어지고 있으며, 그 문화적 세력은 북한을 문화적인 가치 차원에서 전환시키려는 깊은 전략적인 시도를 하고 있다.

미국의 백인 주도 문화는 토착 원주민 문화를 파괴해왔고, 정복하고, 멸종시키고, 질식사시켜왔으나 미국 내 원주민 문화는 아직 숨을 쉬고 있다. 이와 유사한 작전이 북한의 전통적인 가치와 경제, 군사, 문화를 멸종시키려는 작업으로 지속되어왔지만 현재 북한은 지속되고 있다.

헌팅턴의 논문은 문화의 충돌을 "경제, 문화적인 화해로 문화 간 화해(reconciliation of civilizations)를 만들어낼 수 있는 대안적인 논리를 개발함으로써 전쟁을 막고, 평화를 정착시키는 데 기여하는 것이 목적이다"라고 설명한다.

이명박 정부의 정의란 무엇인가?

이명박 정부는 정권 시작 시 '비핵 개방 3000'의 목표를 설정했고, 통일부를 없애려는 의지가 있었다는 특징이 있다. 하지만 당시 북한은 비핵화를 하지 않았고, 핵무기 능력을 더욱 강력하게 증가시켰다. 앞으로 북한은 수소폭탄과 중성자탄을 비교적 단시간 내에 만들 수 있을 것으로 추정된다. 우라늄 농축도 진행되는 듯하고, 경수로 원자력발전소 공사도 시작되고 있고, 이를 자체 능력으로 완료할 수 있다고 평가된다. 핵융합에도 성공했다고 주장했으나 이는 검증이 더 필요하고 아직 큰 의미가 없다.

북한이 개방하면 3000달러의 시대를 열어주겠다고 했으나 이것도 이루어지지 않았다. 물론 이명박 정부 집권 기간 내에 이 목적을 다 달성하기 위해 설정한 것은 아니라고 볼 수도 있으며, 10년의 장기적인 목적이라고 하면 구태여 지금 시점에서 지나치게 박한 점수를 줄 필요는 없다. 지금 이 현상의 근본적인 책임은 1905년 미국과 일본의 가쓰라-태프트밀약에서 찾아야 하고, 1945년의 분단 정책에 뿌리를 두고 있으며, 브레턴우즈 전략 하의 경제적인 공산주의 봉쇄(containment) 정책에 있다.

이명박 정부를 평가하기 위해 사실 이명박 정부만을 구분해서 볼 수는 없다. 모든 것은 계속적으로 연계되어왔고, 그 역사는 적어도 고구려시대, 신라시대, 백제시대에서 근원을 찾아야 하는 부분도 있다. 동학농민운동을 주도한 세력들이 일본군과의 전투에서 패전하면서 미국과 일본이 밀약을 맺고, 한반도를 정복하고, 식민 통치를 했고, 이어서 강제 분단까지 되었다. 반민족행위특별조사위원회(반민족특위)는 친일 권력과 미 군정, 이승만 정권 등의 복합적인 세력에 의해 강제 해체되었고, 친일 경찰, 군부, 관료, 경제인들이 부분적이지만 현재의 권력을 지속적으로 강화시켜온 것도 큰 요인이 되었다.

한반도는 1945년 38도선과 1953년 휴전선으로 지리적 분단선이 생기면서 분단되었다. 그리고 그 뒤에는 이완용, 송병준 등의 친일 세력을 계속 권력의 부분적인 실체로 만들어준 미 군정이 있었다. 이 결정이 사회 내부의 권력 구조상에서의 눈에 잘 보이지 않는 분단 구조를 만들었던 면이 지금까지 지속되고 있다. 이러한 분단의 양면적 성격은 다시 러시아, 중국, 미국, 일본 4대 강국의 헤게모니, 권력 갈등으로 새로운 축을 만들었다. 중국, 러시아, 북한의 대륙 세력과 일본, 미국, 한국의 해양 세력으로서 분단이 더욱 강화되고 있는 것이 현재의 분단 현상 가운데 중요한 요인이다. 따라서 이명박 정부의 책임을 분리해서 단순 평가하기보다는 이러한 역사적인 요인들이 어떻게 현재까지 상호 연관되어 있고, 책임져야 할 주체들이 어떻게 분포되어 있는가를 파악하는 것이 문제 해결에 도움이 될 것이다.

소통을 통한 분단 극복, 경제 통일, 핵 해결[3]

연평도에 북한 포탄이 떨어져 사상자가 발생했고, 주민들이 피난을 떠났다. 이러한 전투는 점차 확장되는 경향을 보이고 있다. 국지전에서 전면전으로 확대되어가는 경향을 보이고, 쌍방이 사용하는 언어는 심층 심리적으로 더욱 원수, 복수, 자존심 대결로 가고 있다. 평화적인 해결의 길이 현재로선 잘 보이지 않는다.

지난 몇 년간 한국 정부의 평화 통일 정책을 각각 이산가족, 연평도 주민, 천안함 전사자, 연평도 전사 해병대원과 주민의 입장에서 평가할 수 있을 것이다. 또한 일반 국민과 미국, 일본, 중국, 러시아의 입장에서 평가할 수 있을 것이며, 나아가 주식 투자자들의 입장, 대기업의 입장 등으로 그 축을 다양하게 설정할 수 있을 것이다. 이 요인이 다 중요하지만 여러 사정상 이것들을 모두 고려할 수는 없다.

우선 문제의 뿌리를 해결해야 한다. 호국 훈련에 7만 명이 동원되고, 미 항공모함이 훈련에 참여하고, 미국과 일본은 그 직후 양자 훈련을 한다고 한다. 한반도는 전쟁의 위기에 다시 직면해 있다. 원자폭탄 전쟁이 될 가능성도 열려 있다. 북한은 현재의 핵무기 능력과 농축 능력, 재처리 능력, 발전소 건설 능력에 수소폭탄 제조 능력을 12개월 정도 이내 혹은 이후에 보유할 것으로 추정된다. 수소폭탄은 플루토늄 폭탄을 보유했을 경우 이중수소, 삼중수소를 추가하면 제조할 수 있기 때문에 비교적 용이하게 만들 수 있을 것으로 추정된다. 미국의 핵공격 능력 앞에 직면한 북한이 이러한 선

---

3) 이 부분의 내용은 필자가 2010년 11월 26일 우리마당 통일문화연구소 공개 학술발표회에서 발표한 「이산가족 해결의 근본: 분단 극복, 경제 통일, 핵 해결」을 부분적으로 활용한 것이다.

택을 하지 않을 확률은 거의 없다고 판단된다. 한반도에서는 수소폭탄을 사용한 핵 전투 발발의 위험이 생길 것이고, 앞으로 이러한 사태를 Oplan 5026, 5027, 5029, 5030, 8015, 8022[4] 등에 추가해야 하는 전략을 상정하고 계산해야 하는 상황에 돌입하게 될 것이다.

이 작전들은 작전계획 1000으로 나가는 이란, 이라크, 리비아, 아프가니스탄, 파키스탄 등의 중동 전쟁과 직결되어서 연동되고 있다. 그리고 튀니지의 재스민 혁명을 북한에 유도하기 위한 연동 작전으로 해석된다. 북한은 이 재스민 혁명을 차단하기 위해 더욱더 핵무기를 포기, 폐기하지 않을 확률이 크다. 북한은 리비아가 핵을 포기했기 때문에 지금의 상황이 발생했다고 하면서 핵 견지 입장을 확고히 하고 있다.[5]

1000km를 공격할 수 있는 미국의 조지 워싱턴 항공모함이 서해에 들어와서 중국을 위협하면 중국은 항공모함을 두 쪽 내기 위해 만든 둥펑(東風) 21호 미사일로 파괴하겠다고 위협할 것이고, 미국은 중국을 핵으로 공격해 중국과 미국의 핵전쟁으로 발전할 수 있다. 이를 막을 수 있는 방안은 중국과 미국이 각자의 경제를 상호 이익의 공동체로 만들고, 이를 심화함으로써 상호확증파괴(Mutually Assured Destruction: MAD)를 막기 위해 필연적으로 경제 공동 운명체가 되도록 하는 것이다. 필자는 이를 예방 경제 이론이라고 명명한다.

---

4) 노정선, *Story God of The Oppressed*; 노정선, 『동북아 평화를 위한 패러다임의 전환』 참조.

5) Mark McDonald, "North Korea says Libya should have kept nuclear program," *The New York Times*, March, 25, 2011. 이 기사 중 일부 생각해볼 내용을 번역해 소개한다. "미국의 강력한 요구에 호응한 리비아의 카다피 정부는 핵과 관련된 모든 것을 해체하거나 국외로 송출했고, 결국 카다피는 총격으로 사망했다. 북한은 이에 교훈을 얻었고 비핵화하라는 미국의 요구에 절대로 호응하지 않게 되었다."

이 모든 것을 위해 제일 먼저 할 일은 소통이다. 소통을 할 수 있는 인격자가 필요하고, 소통할 수 있는 여유가 있어야 한다. 적과 적, 악마와 악마의 대결이라는 사고로는 서로 죽고 죽이는 결과밖에 기대할 수 없다.

연평도 포격은 막을 수 있었다. 평화적인 소통이 막히면 포탄을 날리는 방식으로 소통을 하게 된다. 소통은 해결의 열쇠이다. 소통은 언어, 경제 정의, 군사, 문화, 인격 등의 총체적인 수단이다.

남북한 간 소통은 더욱 닫혀가고 있는 듯이 보이며, 서로 항복을 받아내려는 힘의 과시만 보인다.

범죄적 인권유린, 이산가족

국경 없는 세계가 되면 대부분의 이산가족 문제를 해결할 수 있을 것이다. 남북한의 국경이 없어지거나 자유 왕래, 거주 이전의 자유가 이루어지면 문제는 해결될 것이다. 1945년부터 2010년까지 이산가족은 떨어져서 살아야 했고, 이미 많은 사람이 하늘나라로 갔다. 한 해에 100~200명 정도만 상봉한다고 해도 7만 명이나 되는 이산가족 상봉 신청자들이 다 만나려면 350년이 걸린다. 남아 있는 이들도 앞으로 350년이나 기다려야 뽑혀서 상봉할 수 있다는 믿을 수 없는 속도로 이산가족의 상봉 행사들이 진행되어왔다. 이에 대해 누구 하나 진지하게 책임지려는 사람이 없고, 책임지려는 정부도 없이 포기한 상태이다. 이산가족 20만 명 정도를 서울 월드컵 경기장이나 평양 정주영 체육 경기장에 모이게 하고 열흘 정도 같이 보내게 하면 그중에 95% 정도는 상봉할 수 있지 않을까 상상해본다. 왜 이렇게 할 수 없는가?

일본군이 무장해제되고 나서 소련군과 미군도 한반도에서 철수하게 되어 있었으나 그렇게 되지 않았고, 그 결과 결국 한반도 분단이라는 민족의 비극을 야기했다. 이러한 분단을 극복하지 못한 해당 관련자와 한국 정부, 북한 정부는 이에 대한 책임을 져야 한다.

이산가족이 상봉하고 거주 이전의 자유가 보장되고, 언제든지 만날 수 있는 인권을 보장해야 한다. 이들이 항상 만날 수 있고 동시에 개성, 금강산, 평양, 서울 등에서 만날 수 있는 여건, 분위기를 신속하게 조건 없이 만들어야 한다. 이를 위해 남북한 정상이 만나 토론하고, 마음과 마음을 열고 경제적으로 서로의 번영을 위해 협의해야 한다.

또한 주변 강대국들은 남북한에 대한 경제제재, 군사제재, 사회적인 제재, 문화 봉쇄와 유엔 안보리 결의 1874호 등 모든 장벽을 제거해야 한다. 북한에 대한 식량 봉쇄도 제거해야 한다. 남북한을 마녀 취급해 마녀사냥하고 악마화하고(demonize) 비하하는 모든 전략을 즉시 중단하고, 이 또한 인권유린이라는 것을 인식하고, 필요에 따라서는 법적으로 처벌할 수도 있어야 한다. 한국 정부와 국회는 이에 관한 입법 조치를 추진해야 한다.

통일부는 남북교류협력관련기금을 최대한 2016년 내에 다 사용해서 반드시 이산가족 상봉이 전면적으로 최단 시일 내에 이루어지도록 환경과 조건, 분위기를 조성해야 한다. 몇 년간 사용하지 않은 금액이 거의 1조 원 수준이니 이를 검토할 필요가 있다.

북경합의, 개성공단 합의 위반

2005년 9월 19일 북경합의 제1조에 따라 북한은 핵을 폐기하고 5개국은 경수로를 제공한다는 내용의 토론을 공정하게 진행했다("Other parties will respect DPR Korea and discuss the provision of the Light Water Reactor in an appropriate time to the DPR Korea"). 그러나 5개국은 이를 위반했다. 이제라도 이를 준수해야 한다. 북한 또한 5개국이 약속을 준수한다면 의무를 다해야 할 것이다. 행동 대 행동의 원칙을 상호간 지켜야 한다.

또한 개성공단을 약속했던 대로 2000만 평 건설해야 한다. 현재 100만 평만 개발한 것은 약속 위반이다. 이는 북한에 100만 개의 직장과 한국에 수만 개의 일자리를 창출할 것이며, 실업을 줄이고, 윈-윈 경제를 만들고, 이산가족이 상봉할 수 있는 분위기를 형성할 것이다. 남북한은 군사적인 충돌을 자제하고, 적대적인 큰 훈련을 중단하고, 상호 공동 훈련과 공동 안보를 추진하고, 서해에서의 상호 이익을 위한 수산업 협력을 하고, 남북한 철도를 연결해 유럽 진출의 길을 열고, 6·15선언과 10·4선언을 기조로 이보다 더 진일보한 협력을 추진해 자연스럽게 이산가족 상봉 분위기를 형성해야 한다. 이러한 분위기는 전쟁을 방지하는 토대가 될 것이다. 개성공단 2000만 평은 전쟁 발발을 막아주는 강력한 구실이 되어 남북관계 진전에 중요한 주춧돌이 될 것이다.

미국 의존적인 한국의 대응

일본은 독도 및 한반도를 침탈하려는 의도를 가지고 있고, 핵무기 수천 개를 만들 수 있는 능력과 대륙간 탄도탄(H2B)을 보유하고 있다.

≪한겨레신문≫에 다음과 같은 기사가 실렸다. "≪요미우리신문≫은 1969년 9월 25일 외무성이 간부들의 논의 내용을 정리한 「우리나라의 외교 정책 대강」이란 극비 보고서에도 '당장은 핵무기를 보유하지 않는 정책을 취하지만, 핵무기 제조를 위한 경제·기술적 잠재능력은 항상 보유하면서, 이에 대한 제약이 없도록 배려한다'는 내용이 있다며, 이는 '일본이 핵

무장을 검토하고 있었음을 시사하는 것'이라고 30일 보도했다."[6]

한국은 이러한 일본의 핵 압박에 대응할 수 있는 조처가 전연 없고, 단순히 미국의 우산을 빌려 쓰고 그 우산 비용을 지불하겠다는 의존적인 수준이다. 미국이 상황에 따라 우산을 접어버리고, 미·일 군사동맹 구조로 전환해 한국을 객체로 처리하려고 할 경우 1950년 애치슨라인 선언 같은 것을 할 수도 있다는 가능성을 계산하고, 이에 대비해야 한다. 일본의 핵공격, 핵 위협에 의한 한국 정부 조종, 조작, 압박 가능성에 대한 철저한 국방전략을 세워야 한다. 즉, 즉시 핵 재처리 공장을 습식, 건식, 레이저식으로 모두 건설해야 한다. 그러나 한국 정부는 2015년 어중간하게 한·미 핵협정을 다시 체결하는 실수를 범했다. 핵 재처리를 완전하게 자주적으로 할 수 있도록 다시 협정해야 할 것이다.

브레턴우즈를 넘어서는 베이징우드

중국은 1970년대 말 덩샤오핑(鄧小平)이 주창한 흑묘백묘(黑貓白貓)론으로 공산주의와 자본주의의 갈등을 해결하지 않고 일국양제 경제를 활용해 문제를 풀고 있다. 이러한 중국의 전략을 필자는 베이징의 숲, 즉 베이징우드(Beijingwood)[7]라고 명한다.

이제 브레턴우즈 전략을 베이징우드로 바꿔야 한다. 중국 경제의 성장은 덩샤오핑의 전략 덕분이었다. 덩샤오핑의 경제 전략은 일본과 미국 경제를

---

6) 정남구, "'핵 무장' 겉 다르고 속 다른 일본", ≪한겨레신문≫, 2010년 11월 30일 자.
7) 이 용어는 필자가 만든 것이다. 브레턴우즈에 대응하는 베이징우드를 조직해 분단의 근원을 없애야 한다는 뜻이다.

능가했다. 이제는 베이징우드의 시대이다. 따라서 베이징우드에 초점을 두고, 대북 전략의 패러다임을 전환해야 한다. 베이징우드의 경제가 전쟁을 예방할 예방 경제이다.

공산주의를 붕괴시키는 정책(containment policy)이 브레턴우즈 전략이었고, 이는 여전히 진행 중이다. 그러나 북한은 이미 헌법을 개정해 공산주의를 폐기 처분했다. 즉, 북한은 더 이상 공산주의 국가가 아니라는 말이 된다. 북한이 마르크스-레닌주의를 헌법에서 삭제한 것이 1992년이고, 공산주의라는 단어까지 모두 제거한 것이 2009년 4월 9일이었다. 그 대신 북한은 2009년 4월 9일 헌법 개정에서 국가가 인권을 존중해야 한다는 말을 추가했다.

따라서 브레턴우즈의 컨테인먼트전략을 북한에 적용해 공산주의를 붕괴시키겠다는 작전은 시의적절하지 않다.

G20과 브레턴우즈 기구들(Bretton Woods Institutes), 국제통화기금(IMF), 세계은행(World Bank) 등은 1944년 이래로 지금까지 이산가족 상봉, 거주이전의 자유, 자유 왕래의 자유, 금융거래 자유 등을 봉쇄시킨 정책을 실시하고 있다. 이들은 북한을 봉쇄해 질식사시킨다는 정책을 즉시 제거해야 한다. 그러나 2010년 서울 G20 정상회의에서도 이 문제를 해결하지 못했다. IMF와 세계은행 등은 즉시 북한에 대한 봉쇄 정책을 취소하고, 적극적으로 금융거래가 이루어지도록 먼저 개방해야 할 것이다. 북한에 개방하라고 말하기 전에 1945년 이래로 개방을 봉쇄해온 데 책임을 느껴야 할 것이다. 미국은 1950년 1월부터 북한에 대해 경제제재를 가해왔다. 이제는 국제사회와 국가들이 북한에 개방해야 할 때이다. 그리고 다양한 경제체제를 서로 인정하고 존중하면서 상호 승리할 수 있다는 신념을 가져야 평화를 유지할 수 있고, 동시에 세계 평화를 한 차원 높여나갈 수 있다. 개방은 서로 해야 하는 것이다.

북한은 개방이라는 말 자체를 싫어하는 듯하고, 심지어 모욕적으로 받아들이는데 한국 정부는 이에 대한 감각적인 인식이 절대적으로 부족하다. 그것은 김대중, 노무현 정권에서도 마찬가지였다. 북한은 햇볕 정책이 그들을 무장해제시키는 것이라고 해석해서 이 말을 극도로 싫어했다. 김대중의 대북 정책은 좋아하지만 햇볕 정책이라는 개념이 내포한 무장해제의 기본 개념은 수용할 수 없다고 불만을 토로하는 경우가 많았다. 현 정부도 이 문제를 깊이 성찰할 필요가 있다.

한반도와 그 부속도서를 실질적인 대한민국으로 만들 입법안

대한민국의 헌법과 법률을 개정할 필요가 있고, 이를 준수할 필요가 있다. 특히 거주 이전의 자유가 보장되어 한반도와 그 부속 도서를 자유롭게 다닐 수 있어야 한다. 그리고 이산가족들이 인간으로서의 존엄과 가치를 가지지 못하고 행복을 추구할 권리가 박탈되어온 것에 대해 국가는 책임을 져야 하고, 정부의 잘못이 있었는지에 대한 법적·사법적 검토를 할 필요가 있으며, 이에 대한 법을 마련하고, 개정할 법은 개정해야 한다. 이산가족이 한반도 어디서나 거주 이전의 자유를 보장받지 못했다면 헌법상 문제가 있는 것이다. 그리고 법 준수를 할 수 없게 만든 당사자들에게 책임을 물어야 한다. 그 당사자들은 누구인가?

이와 같은 입법을 위해 대한민국 '헌법' 제1장 제14조 "모든 국민은 거주 이전의 자유를 가진다", 3조 "대한민국의 영토는 한반도와 그 부속 도서로 한다", 10조 "모든 국민은 인간으로서의 존엄과 가치를 가지며, 행복을 추구할 권리를 가진다" 등을 참고할 수 있다. 반면에 '남북교류협력에관한법률'은 '증명서를 발급 받지 않은 채 남북한을 왕래한 자', '승인을 받지 않고 북한 주민과 접촉하거나, 물품을 반출 반입하거나, 협력 사업을 시행한 자' 등은 3년 이하의 징역 또는 1000만 원 이하의 벌금에 처한다고 규정해 거주 이전의 자유를 제한하고 있다고도 할 수 있다. 정부는 이에 대한 책임을 인정해야 한다. 이처럼 이산가족들의 행복추구에 장애가 되는 법률들을 하위 법을 만들어 개정해야 할 것이다. 행복추구의 권리도 보장되지 못했으며, 이를 실천하지 못한 정부는 국민 앞에서 사과하고, 필요한 법적 개정, 법률 제정, 대통령령 등을 통한 적극적인 조치를 취해야 할 것이다.

또한 국제법도 개정해야 한다. 이러한 이산가족을 발생시킨 직간접적인 국제법, 유엔의 규정, 제재 결정 등 관련 국가들의 공식적인 조약들, 비공식적이거나 비밀 조약 등을 점검, 개정, 폐기하고, 새로운 법과 조약을 만들어 이산가족의 행복추구권과 거주 이전의 자유, 통행의 자유 등이 보장되도록 해야 할 것이다.

법보다 더 중요한 정신의 실천 행동 보장

법률로 규정하는 것도 중요하지만 정신적으로 실천하는 분위기 형성과 정의, 사랑, 평화가 실천되도록 하는 것이 더 중요하다. 이를 보장하는 정부의 실천이 필요하다. 율법주의보다 더 중요한 사랑 실천, 인도주의 실천, 정의 실천 행동을 보장하도록 국가, 민간단체, 국제조직이 앞장서야 한다.

일본의 한반도 재침략 의도에 대한 대안

한반도에서 경제 분단, 군사 분단, 정치 분단을 결정하고 분단을 강화시켜온 사람들과 이익집단들은 현실 정치의 장에서 심판대에 서야 하고, 종말의 신 앞에서 또한 심판대에 서게 될 것이다. 나아가 이산가족들이 자유롭게 만나고, 이들의 거주 이전의 자유가 보장되고, 강대국들의 대리 전쟁터로서의 분단을 극복하고 통일을 이루어낼 수 있는 새로운 대안을 만들어야 한다.

분단은 국제적 폭력, 국가적 폭력, 개인 인권의 폭력적 유린이다. 국가의 무책임을 방관해서는 안 되고 해당 국가와 국제조직은 책임을 져야 한다.

일본 자위대 대령과 영관 장교들이 미국 항공모함 조지 워싱턴 호를 타고 독도를 다녀갔고, 동해와 남해를 다니면서 한국을 지켜줄 것처럼 하고 갔다. 2010년 10월 13일에는 부산항에 일본 자위대의 최첨단 이지스함 2척이 들어와 한국과 공동훈련을 했다고 한다. 1894년 일본 군대는 동학농민운동을 진압한다면서 한반도에 들어와 윤동주를 죽이고 명성황후를 시해(살해)하고, 고종을 독살하고, 한반도를 점령했다. 그리고 결국 한반도가 분단되었고, 이산가족이 발생했다.

일본 자위대의 최첨단 이지스함이 오면 한반도는 더욱 강하게 분단될 것이다. 그뿐 아니라 일본은 호시탐탐 한반도를 점령하기 위해 친일 이완용 후배들을 조직해 매국노들을 증식시킬 것이고, 결국 민족과 국가는 쪼개져 멸망의 길로 가게 될 수도 있다. 이를 경계해야 하고, 일본을 불러들이는 잘못을 범하지 말아야 한다. 일본이 오면 분단은 더욱 강화되고, 이산가족이 더 많이 발생할 수 있고, 한반도는 대리 전쟁터가 되어 서로 죽고 죽이는 전쟁을 하게 될 수도 있다.

한반도에서의 정의 실현을 위한 관련국의 역할

일본은 전쟁을 할 수 있도록 하는 평화헌법(제9조) 개정 시도를 중단하고, 군비를 현 수준에서 50% 이하로 축소해야 한다. 또한 북한에 대한 경제제재 대신 경제협력을 하고, 북한과 평화 공동 이익 관계로 나아가야 한다. 이뿐 아니라 전쟁 착취, 학살, 성노예, 강제징용 등에 대한 경제적 보상으로 북한에 200억 유로를 지불해야 하며, 독도를 일본 영토라고 주장하는 것을 취소해 다시금 한반도에 내보이는 야욕을 없애야 한다.

미국은 북한과 경제 번영을 함께하도록 하는 윈-윈 전략으로 나아가고, 경제협력을 강화해 외교를 수립하고, 경수로 건설 약속을 지켜야 한다.

중국은 한반도를 미국과의 전쟁 시 충격 흡수 지역(Buffer Zone)으로 사용하려는 전략을 없애고, 근본적으로 중·미 간 갈등을 해결해 평화 관계를 강화시켜 한반도가 피해자가 되지 않도록 해야 한다.

북한은 거주 이전의 자유를 보장할 수 있는 근본적 관계를 남한과 수립하기 위한 기초 작업을 하고, 이산가족 전원이 자유롭게 상봉하고, 함께 살 수 있도록 하는 평화적 통일 구조로 전환해야 할 것이며, 필요한 조건을 개혁해야 한다.

러시아는 한반도 분단의 주역이었던 1945년의 상황을 다시 정리하고, 한반도가 미국과 러시아의 전쟁과 갈등의 충격 흡수 지역으로 피해를 당하지 않도록 근본 구조를 전환해야 한다.

한국도 이산가족 상봉과 거주 이전의 자유, 행복추구의 권리를 누릴 수 있도록 하는 목표를 설정하고, 이를 위해 최선의 노력을 경주해야 한다. 또한 남북한 공동체 건설을 위한 패러다임을 전환하고, 경제 공동 번영을 위해 장애물을 철거하고, 군사적 갈등을 평화로 전환하고, 북한의 에너지 고갈에 적극적으로 협력하고, 남한과 북한이 보유한 핵 에너지를 남북한이 공동으로 관리, 사용하고 기술이전을 해야 한다. 특히 기술 협력을 해 북한의 평산 우라늄 광산을 공동 발굴해야 한다. 식량 공동체를 형성해 북한의 기아를 막는 작업에 전력을 다하고, 다시는 이산가족이 발생하지 않도록 해야 할 것이다.

북한과 미국은 선린 우호관계로 전환해야 한다. 남북한과 미국이 상생하고, 윈-윈-윈하는 법적·제도적 장치를 마련해야 한다. 핵에너지도 삼자가 공동체로서 공생관계를 만들어야 한다. 이것이 이산가족 구조를 근본적으로 풀어나가는 기초가 될 수 있다. 이러한 미래 지향적 해결안을 만들기 위해 발상의 전환, 패러다임의 전환이 필요하다.

13
/
서해해전과 대안적 평화

우리 모두는 연평도 포격으로 사망한 자들에 대해 책임이 있다. 이에 대한 깊은 반성과 성찰이 필요하며, 평화를 만들어 그들의 영혼을 조금이나마 위로해야 할 것이다.

휴전협정이 종결되고 평화협정이 이루어졌다면 그들은 살아 있었을 것이다. 그들의 죽음은 누가 책임져야 하나?

남북한이 북방한계선(NLL)보다 확실한 군사분계선을 정해 사전에 합의하고, 한국의 국회와 정부, 북한 정부가 이에 대한 확실한 법적 절차를 끝내놓았다면 연평도 포격도 막을 수 있었을까?

1905년 가쓰라-태프트밀약이 없었어야 했고, 1894년 동학농민군들이 일본군의 침략에 승리했었어야 했으며, 1945년 강대국들이 한반도를 점령해 분단시키는 일은 없었어야 했다. 그러면 해병 2명이 조국을 지키다 전사하는 일은 없었을 것이다.

필자는 연평도를 비롯한 서해 도서들을 제1차 연평해전(1999. 6. 15) 직후 아홉 차례 방문해 연구하면서 이런 죽음을 미연에 막지 못했던 필자의 책임을 생각했다. 임동원 전 통일부 장관은 제1차 연평해전 직후 플라자호텔 스카이라운지에서 필자와 점심을 먹으며 당시 상황을 자세하게 설명했다. 그 설명을 들으면서 필자는 이 문제는 경제로 풀어야 한다고 생각했다.

남북한이 서해 문제를 경제로 풀면 연평도 평화 지대를 결정해 공동 어로 작업으로 꽃게, 생선을 잡고, 해초, 바닷속 하이드로 메탈, 석유 등을 탐사, 획득할 수도 있다.

노무현 정부는 10·4선언을 한 뒤 2008년 2월 24일까지 완전하게 이 일들을 추진했어야 했다. 10·4선언 이후 그 결실을 보여주었어야 하는 140일 정도의 기간에 무엇을 했는지 남들에게 책임을 전가하지 말아야 한다. 당시 이명박 정부는 아직 업무를 시작하기 전이었다. 10·4선언의 일환으로 서둘러서 해주에 공사를 시작하고, 필요한 자재들을 가져다 놓았다면 한국의 경영인과 기술진이 공사를 시작할 수 있었을 것이다. 이런 중요한 작업을 하지 않은 것은 직무유기 수준이라고 평가할 수 있다. 마땅히 노무현 정부가 했어야 할 수많은 작업을 2008년 2월 법적으로 정권 이양을 하는 순간까지 완수했다면 엄청난 전쟁방지 장치가 만들어졌을 것이다. 핑계를 대고 책임을 이명박 정부에 전가하지 않았는가를 반성해야 한다.

필자가 본 연평도

2010년 11월 24일 새벽, 필자는 인천항에서 연평도로 가는 여객선을 타려고 했으나 출항이 금지되었다. 그 다음날 필자는 연평도에 70분간 들어갈 수 있었다. 당시 필자는 이곳에서 다시 포격전이 터질 수도 있겠구나 하는 생각을 했다. 연평도에는 버스도, 택시도 없어 발로 걷고, 뛰고, 히치하이크를 하면서 다녔다. 면사무소 직원이 필자를 차에 태워주고, 비닐봉투에 든 앙꼬빵 한 개를 던져주었다. 당시 거의 모든 주민이 연평도를 탈출해 식사를 하기가 어려웠기 때문에 면사무소 직원이 아니었다면 굶을 뻔했다. 텅 빈 집들에는 감자가 굴러다니고, 이불이 널브러져 있었다. 포격을 맞은 주택에는 새까맣게 타버린 기둥, 가재도구, 녹아버린 유리창, 알루미늄 철근 등만 처참한 형태로 남아 있었다. 이곳에서 60년을 사신 할아버지가 산 꼭대기까지 안내를 해주었다. 연평도의 역사를 말해주고, 인근 감섬1)과 석도를 소개해주었다. 바로 NLL에 걸쳐 있는 석도가 연평도 앞 3km 정도에 있었고 감섬은 바로 그 뒤에 있었다. 그곳은 인민군들이 간혹 보이는 곳이라고도 했다. 할아버지와 함께 산꼭대기로 올라가는데 두 사람이 막아섰다. 할아버지는 "내가 60년을 이 섬에서 살았는데, 니들이 언제 왔느냐, 뭘 안다고 가라마라 하느냐"라고 호통을 쳤다. 북한이 간간히 와서 공사를 하는 듯하다고 했고, 최근에는(2014년, 2015년) 견고한 포대를 건설했다고 했다. 이 섬의 포대는 연평도를 정확하게 타격할 수 있는 거리로 보였다. 얼마 전 김정은 위원장이 목조선을 타고 이 섬 중 하나에 왔다간 동영상이 한국 TV를 통해 방영되기도 했다. 이 섬을 감나무 섬이라고 하는 것 같았다.

그 후 CNN을 비롯한 여러 국가의 TV팀이 몰려왔고, 필자는 러시아 우라지보스톡 국영 TV, 터키 TV 등과 인터뷰를 하며 아주 긴 해설을 해주었다. 일본 기자와도 해설 인터뷰를 했다. 필자의 이러한 분석은 국내 매체에서는 전연 보도되지 않아 참 신기한 나라라고 생각했다.

---

1) 2015년 국방부 발표에서는 '갈도'라고 나오지만 연평도 가장 높은 봉우리에는 구리판으로 지도가 조작되어 있고 '감도'라고 표기되어 있는 것을 확인했다. 감도인지 갈도인지 어느 것이 맞는지는 추후 좀 더 연구할 부분이다.

연평도 포격 사태 분석과 현안

연평도 사태의 요인은 소통 부재다. 수시로 유연하게 소통했어야 했다. 대화를 할 수 없다고 느끼는 시점에서도 계속적으로 대화할 수 있고, 상대방과 마음을 터놓고 지속가능한 소통을 할 수 있는 인내의 능력(resilience)은 없을까?

극한의 전투와 전쟁으로 인한 복수심이 넘칠 때도 마음과 마음의 만남, 대화를 할 수 있는 여유와 끈질긴 소통 능력이 있어야 전쟁을 막을 수 있다. 자신을 이기지 못하고, 통제하지 못해 분노의 노예가 되는 장군은 승리할 수 없다. 싸우지 않고 이기는 장군이 가장 훌륭한 장군이다.

대청해전을 전투가 아닌 평화적인 수단으로 처리했더라면 문제는 평화적인 방향으로 지속되었을 것이다. 대청해전에서 북한은 5명 이상의 전사자가 발생했고, 군함이 70% 정도 파괴되었기 때문에 보복을 계획한 것으로 추정된다. 대청해전에서 북한에 대한 공격을 자제했어야 했다.

제1차 연평해전에서도 북한에 40~100명에 가까운 사상자를 내고, 북한 군함 5척을 침몰, 대파, 중파시킨 것이 결국 2002년의 보복전을 만든 것으로 평가된다. 이 모든 것을 평화적으로 처리하지 못했던 것을 반성할 필요가 있고, 앞으로도 전쟁을 막기 위해서는 평화적인 처리 방법을 실천해야 할 것이다. 결국 연평도 포격 사태 역시 불필요하게 발생한 것이고, 사전에 평화적인 방법으로 소통해서 해결했어야 했으며, 발상의 전환을 할 수 있었는데도 하지 못했던 데 그 요인이 있다.

북한과의 소통에서 쉽게 감정에 사로잡히지 않으면서 끈질기게 대화하고, 심중의 의도를 읽어내고, 역사적인 요인을 읽어내는 인격적인 수련이 되어 있는 사람이 필요하다. 감정적인 전이(transference)와 역전이(counter transference)를 읽어내 정리하고, 이성을 잃지 않고 끝까지 합리적으로 결정할 수 있도록 인격이 수련되어 있는 사람들이 소통을 해야 한다. 도덕이 붕괴된 곳에 인격이 붕괴되며, 인격이 붕괴된 곳에 대량 살상의 전쟁이 기다리는 것이다.

NLL과 북한의 해상 군사분계선: 두 가지 다른 개념의 충돌

한국은 「남북한기본합의서」(1991)에 근거해 휴전선이 그어지지 않은 지역은 지금까지 관례적으로 관리해오던 대로 계속해서 관리한다는 입장이다. 따라서 NLL이 그어진 남쪽 지역을 한국이 관리하는 것은 합법적이라고 주장한다.

반면 북한은 1999년 9월 독자적인 해상 군사분계선을 그었다. 그 근거로 1973년 '국제해상법'이 제정되면서 정해진 12해리를 내세웠고, 이에 따라 해당 지역을 북한 해역으로 주장하고 있다. 해역이 좁아 남북한 양측이 중복되는 곳은 두 지점의 중앙을 선으로 그어 해역을 정하자고 했다. 북한은 이에 근거한 새로운 선을 주장한다.

키신저[2]는 1975년 주한 미 대사, 주한 미군 사령관 등에게 보낸 국무성 서신에서 현재의 NLL은 국제법상 합의된 선이 아니라 남한의 배가 더 이상 북쪽으로 올라가지 못하도록 하기 위한 목적으로 미국이 일방적으로 그어

---

2) 2015년 미국의 민간단체들은 키신저가 베트남 전쟁에서 수백 만 명의 선량한 베트남인을 벌레 죽이듯이 죽였던 전쟁 범죄자라고 고발하는 시위를 했다. 하버드 대학교 교수들은 1971년 필자가 하버드 대학생이었을 때 그가 전쟁 학살자이므로 노벨평화상을 받을 수 없다는 연판장을 돌리면서 서명을 받았다. 이를 보면서 필자는 비로소 세계가 어떻게 돌아가고 있는지를 알게 되었다. 베트남인 중에 죽은 영혼들은 키신저를 어떻게 평가할 것인가? 그는 천당에 갈 것인가?

놓은 것이라고 주장했다.[3] 2010년 12월 해리슨은 ≪뉴욕타임스(New York Times)≫ 기고문에서 현재 NLL 남쪽으로 내려온 곳에 해상 군사분계선을 그어야 마땅하다고 주장해 북한의 주장을 부분적으로 지지했다. 하지만 그의 주장은 북한이 요구하는 '해상분계선'에는 훨씬 못 미치는 것이다.

노무현 정부는 10·4선언 당시 해상 어로 협력 지대, 평화 지대를 만들자고 제안해 NLL 지역에 공동 어로 지대를 만들 것을 제안했다. 그 지역은 NLL에서 공동으로 만들어 그린 지역이었다. 이에 대해 당시 북한은 NLL과 그 남쪽 지역을 공동 어로 지대로 제안했다. 이 제안은 완전한 합의에 이르지 못해 시작도 못하고 철회되었다. 이제라도 현 정부는 신속하게 공동 평화 어로 지대 합의를 추진해야 한다.

서해해전

2002년 북한은 한국의 참수리호를 공격해 6명 이상의 사상자를 냈고 배는 침몰되었다. 북한도 약 30명의 사상자가 발생했다고 되어 있으나 정확한 확인은 어렵다. 그 이후 김대중, 노무현 전 대통령 재임 기간에는 비교적 평온한 상태가 유지되었다.

2009년 11월 강력한 대북 정책이 시행되었던 이명박 대통령 재임 시 대청해전에서는 한국 해군이 북한 해군을 공격해 북한에 많은 피해를 입혔으므로 이에 대한 북한의 보복을 예상할 수 있었다.

2010년 3월 26일 천안함이 침몰해 46명의 장병이 전사하고 원주호 외 몇명의 민간 어부들이 관련 사건으로 사망했다. 당시는 대규모의 군사훈련이

---

3) 노정선, 『동북아 평화를 위한 패러다임의 전환』 참고.

진행되던 기간이었다. 월터 샤프(Walter Sharp) 전 주한미군사령관은 3월 25일 기자회견에서 이 군사작전에는 북한 핵무기 탈취, 북한 지도층 소외시키기(체포 등으로 추정됨),[4] 북한 지역의 안정화(경찰력 등으로 북한 지역을 안정하게 통제함) 등이 포함되어 있다고 발표했다. 즉, 한국군과 미군, 그리고 일본 자위대의 후방 지원 등으로 북한을 점령하고 관리하는 것을 의미한다고 해석된다. 이 발표는 결국 북한을 군사적으로 점령할 것이라는 의미였다. 북한은 이 발표 이후 강력한 대응을 했다.

서해의 교전 종식

서해에서 1999년 6월 북한 해군 선박이 한국 해군에 의해 침몰하고 탑승객 전원이 사망해 약 40명에서 100명이 사망했다(리춘구 목사[5]가 1999년 7월 베이징에서 필자와 나눈 대화 중 한 말이다). 2002년 이에 대한 보복으로 북한은 한국 해군 참수리호를 공격해 6명의 한국 해군이 전사했다.[6]

한국 정부는 한때 통일부를 없앨 것이라고 발표할 정도로 대북 강경 전략을 추구하면서 서해에 군사적인 강경책을 구사하던 중[7] 2009년 11월 10

---

4) 북한 지도층을 소외시키는 작전으로 해석된 샤프의 영어는 엘리에네이션(alienation)이었다.
5) 조그런 선교위원장이었으며, 2004년 사망했다.
6) 사망자는 윤영하 소령, 한상국 중사, 조천형 중사, 황도현 중사, 서후원 중사, 박동혁 병장이다.
7) "작년 11월 7일 통일부 K국장과 통일전선부 원동연 부부장은 개성에서 남북 정상회담 개최를 위한 1차 비밀 접촉을 했다. 작년 10월 중순 임태희 노동부 장관과 김양건 통일전선부장이 싱가포르에서 정상회담 추진을 합의한 데 따른 후속 조치였다." 안용현, "北 대청해전(작년 11월 10일) 패전 후 강경조선 급선회", ≪조선일보≫, 2010년 4월

일 발발한 대청해전에서 북한 해군에서 전사자가 1~10명 발생했고, 군함 또한 많이 파괴되어 침몰 직전에 돌아갔다. 이러한 피해를 입고도 북한은 자신들의 승리라고 방송했지만 한국 해군에는 전사자가 없었다. 북한은 이후 복수전 형식으로 한국 해군을 '수장'시키겠다는 내용의 방송을 했다. 천안함 침몰이 그 복수전의 결과인지, 아니면 다른 원인이 있는지는 아직 조사 중이다. 천안함에 대한 정부의 공식 입장은 북한이 어뢰로 침몰시켰다는 것이지만, 이와 반대되는 이론을 주장한 전 천안함 민관합동조사단 조사위원 신상철에 대한 재판은 약 5년째 35회 이상 진행되었고, 존스홉킨스대학교 국제대학원의 서재정 교수 등이 증언하고 있다. 서재정 교수는 어뢰 공격으로 침몰된 것이 아니라고 주장하고 있다(2015년 8월 17일 현재).

심층적인 요인은 경제적 요인이다. 북한은 경제가 어려워질수록 중국 어선들에게 약 150달러를 받고 서해에서 조업할 수 있는 증명서를 발급해줌으로써 외화를 벌고, 어업 획득 톤수에 따라 돈을 받는 듯하다. 이러한 중국 어선의 활동이 증가하면서 한국 군함과 충돌이 발생하는 것으로 해석된다. 북한도 경제가 좋을 때는 한·중 간 무리한 해상 충돌까지 일으키면서 외화벌이를 할 필요를 느끼지 않았을 것이다.

또한 금강산에서의 관광 수입이 약 2년간 차단되고 있는 것이 북한 경제에 큰 손실을 주면서 금강산 관광 사업권을 중국에 주거나 몰수, 동결 조치로 대안을 마련하는 것이 북한의 방식으로 해석된다. 서해에서의 군사적 충돌을 막고, 확전을 막는 길은 경제적인 상호 윈-윈 전략을 활성화하는 것이다. 동시에 역사적으로 북한은 북한 체제를 무시하는 발언이나 북한을 붕괴시키겠다는 정책을 최고의 위협으로 간주하고 이에 강경 대응해왔으므로 이를 자제하는 것이 필요하다.

24일 자.

천안함 사건의 희생 장병들은 키 리졸브 독수리 훈련8) 기간 중이었으므로 전사로 평가할 수 있다. 정부는 공식적으로 북한이 공격했다고 말하지 않다가 최종 발표에서 북한의 어뢰 공격으로 침몰했다고 주장했다. 러시아와 중국은 자체 조사를 진행하면서 조심스러운 판단을 했는데, 중국은 이로 인해 동란(動亂)이 일어나는 것을 원하지 않는다고 했다.

하지만 제3의 다른 요인이 있을 수도 있다는 점에 대해서 좀 더 심층적인 연구를 할 필요도 없지 않다. 피로 골절 파괴(fatigue fracture), 용병을 포함한 제3의 공격자 공격, 혹은 가스터빈실 자체 내 사고, 훈련 중이던 아군 간 우발적인 발사로 인한 사고, 미상의 잠수함과의 충돌, 1950년 이후 배치했던 기뢰 3300여 발 중 수거하지 못했던 기뢰의 폭발,9) 지진 혹은 파도, 모래 위 좌초10) 등 여러 가지 요인이 복합 작용을 일으킨 골절 등 다양한 가능성을 의심하는 경우도 있는 듯하다. 조사 연구의 다양한 가능성은 항상 열어두는 것이 한반도의 궁극적인 안보에 도움이 될 것이다.

사고 당시 천안함은 키 리졸브 독수리 훈련 중이었기 때문에 대북 훈련이었던 것은 사실이다. 이 훈련을 한 것은 분단 때문이고, 남북한이 서해상에서 평화적인 공영, 공리의 수산업을 했다거나, 동공의 이익을 위한 평화적 산업을 추진했다거나, 공동 어로 작업 지역에 합의했다거나, 공동 관광 산업을 다시 진행했다면 비록 분단 상황이었더라도 이러한 불행한 사고는 방지할 수 있었을 것이다. 서해에서의 교전이나 사고를 줄이는 방법은 경

---

8) 3월 26일까지 한·미 연합훈련이 진행되고 있었다.
9) 브루킹스 연구소(Brookings Institute)의 한 연구원의 주장이다. 그는 스크루(screw)에 어망이 걸려 어망이 기뢰를 끌고 와 폭발한 것이라고 주장했다.
10) 신상철의 주장이다. 그는 이 주장으로 고소당해서 조사를 받았으나 자신의 주장에 상당한 근거를 제시하고 있다. 그는 상당 기간 좌초에 관해 연구한 전문가로서의 경력을 가지고 있다고 주장하고 있다.

제통일이다. 심리적으로 북한을 무시하는 발언을 자제하는 것도 중요하다.

설령 군사적으로 순간적이거나 우발적인 충돌 사고가 나더라도 적대적인 행동이 아닌 것으로 서로 양해할 수도 있었을 것이다. 서로가 서로를 양해할 수 있고, 견딜 수 있고, 양보할 수 있는 능력과 폭이 커지면 남북한은 서로 친선관계를 확보할 수 있고, 확전을 막을 수 있으며, 평화를 지속시킬 수 있을 것이다. 현재의 상황이 어렵더라도 확전을 막을 수 있어야 하고, 지속적으로 동포 사랑을 실천할 수 있어야 하며, 사랑의 큰 명제 앞에서 분노, 보복, 군사 공격을 자제할 수 있어야 할 것이다. 그러면 대규모 확전으로 서로가 공멸하는 것을 막을 수 있을 것이다.

근본적으로 분단을 극복해야 하고, 휴전협정을 평화협정으로 바꿔야 하며, 미국과 북한이 평화협정을 맺어야 한다. 남북한 평화 정착을 구조화하고, 남·북·미 간 평화 체제를 구축하고 조약을 체결해야 한다. 북한과 일본 모두 정상적인 평화를 추구하고, 경제 봉쇄를 취소해 경제협력을 해야 할 것이다. 적대관계는 즉시 청산해야 한다. 민족 내부의 원수는 덕으로 갚아야 한다[보원이덕(報怨以德)].[11]

근본적으로 남북한은 '무조건적으로' 심리적인 적대관계를 청산하고 군사 충돌을 중단해야 하며, 경제협력을 하고, 평화로 전환해야 한다. 무조건적인 평화가 더 큰 평화를 가져올 수 있다. 작은 보복과 작은 조건에 연연해서 큰 평화를 파괴하는 대규모의 전쟁을 불러오는 큰 실수를 범하지 않는 대승적인 전략이 모두를 승리하게 할 것이다. 소탐대실(小貪大失)하면 안

---

11) 지미 카터(Jimmy Carter) 전 대통령이 1973년 미군 철수를 추진하자 박정희 전 대통령은 기뢰 약 300개를 백령도 지역에 배치했고, 그 후 회수하려고 노력했으나 완전 회수는 어려웠을 것이다. 북한 또한 1950년 이후 약 3000개의 기뢰를 배치한 후 일부 수거했지만 남은 것이 있을 수 있다는 것이 현 국방부의 해석이다.

된다.

북한은 2010년 4월 22일 전후로 천안함 사건은 한국의 '자작극'이고, 북침을 하면 핵 억지력[12]을 사용하겠다고 수차례 발표했다. 한반도에서 핵 전쟁이 발발할 가능성은 열려 있다. 북한은 핵무기를 현대화하겠다고 발표했고, 원자력발전소도 자체적으로 만들겠다고 발표했다.

북한은 한국의 적십자를 포함한 모든 관계를 단절한다고 발표했고, 개성 공단 등 약간의 예외만을 두고 있다. 휴전선에서의 심리전 방송을 지속할 경우 조준 격파하겠다고 발표했고, 한국은 자위권을 발동해서 비례적으로 대응하겠다는 입장이어서 일촉즉발의 전쟁 위기를 실감하게 하고 있다. 이러한 분위기를 절제, 자제하고 평화적으로 풀 수 있어야 한다.

보복은 보복을 불러온다. '이에는 이로'의 원리로는 해결이 안 된다. 북한과 그들이 처한 근본적인 식량 부족에 대해 적극적으로 인도적 지원을 하고, 한국도 북한에서 가져올 것을 가져오고,[13] 개발 지원으로 경제 공동체를 만들어나가는 것이 서해에서의 전쟁을 막는 길이다. 남북한이 전투를 하도록 만드는 제3의 음모 세력, 전쟁으로 돈을 버는 용병조직, 군산 복합체들이 한반도 평화와는 상관없는 그들만의 이익을 추구하고 있지 않은가 하는 의심을 하고 문제를 제기해야 하며, 철저한 조사와 대비를 해야 한다.

---

12) 'deter'의 번역어가 억지력이다. 최근 보도에서는 억제력이라는 용어가 사용되기도 한다.
13) 녹십자는 북한에서 수입한 소변에서 원료물질을 추출해 약을 제조하고 있다. 한국이 경제를 위해 북한에서 얻을 수 있는 것은 대단히 많다. 이를 중국이 가져가면 한국은 제3국에서 가져와야 하는 것이다.

전면전을 불러올 수 있는 현재의 군사훈련

일본 총리가 북한이 일본인을 납치했을 경우 일본 자위대가 한국의 영토를 육로로 통과해 북한에서 작전을 펼칠 수 있도록 하는 협상을 한국 국방부와 진행하려고 했다는 보도가 있었다.[14] 이는 일본이 한반도에서의 군사작전을 정당화하는 동시에 1592년의 한반도 점령 기도를 서서히 재현하려는 의도가 깔려 있는 것이라고 평가할 수 있다. 미국 또한 일본의 계획에 동조해 일본 현역 장교들을 미국 항모에 승선시켜 부산항 등 한반도 항구와 영해에서 군사활동을 하도록 하는 계획을 가지고 있다. 미국은 이러한 계획을 취소해야 한다. 한국의 심층 심리적인 우려를 제거하고, 정상적·평화적으로 동북아시아를 관리할 수 있다는 것을 인식해야 한다. 한국은 일본, 미국의 공모를 의심의 눈으로 보고 이에 대비하는 작전을 세워야 한다.

2010년 11월 22일 북한은 한국의 NLL 남쪽에서의 사격훈련을 중지해달라는 전화 통지문을 보냈고, 23일 오전 8시 20분에 이를 다시 전통문으로 전달했으며, 오후 1시에 다시 전달했다. 한국은 23일 오전 10시 15분경 포탄 발사를 시작해 2시 00분경까지 약 3000발을 발사하는 훈련을 했고, 이 포탄이 NLL 남쪽에 탄착되었다고 보도했다. 북한은 오후 2시 00분에 한국이 사격을 중지한 약 10분 뒤 연평도를 포격했다. 한국은 즉시 대응 사격을 했고, 2차에 걸친 쌍방의 대응 사격이 있었다. 이로 인해 한국은 해병 2명과 민간 기술자 2명이 사망했고, 북한은 군인 5명 사망 및 일부 민간인 피해가 있었다는 보도가 있었으나 정확한 피해를 확인하기는 어렵다. 중국을 통해 30여 명이 사망한 것으로만 알려져 있다.

---

14) 고이즈미 총리 시기의 일이었다. 아베 총리도 역시 지지를 받으면서 적극적으로 이런 요구를 추진하고 있다고 판단된다.

이처럼 기존의 작전계획에 따른 군사훈련을 계속한다면 전투, 전쟁은 다시 발발할 것이며, 심지어 전면전의 위기가 올 수도 있다.

전쟁을 일으켜 이익을 얻으려는 자들은 누구인가?

한국 정부는 대북 문제를 다룰 때 회초리로 때리기, 징계, 압박 전술이 아닌 대화와 소통으로 상호 이해를 깊이하고 원인 파악하기, 상대방의 깊은 의중 이해하기, 상호 공생, 공영, 공리의 관계 설정하기와 같은 방법을 더 많이 사용해야 평화와 통일을 이룰 수 있다.

정부는 한반도에서 의도적으로 전쟁을 일으켜 이익을 얻는 집단을 분석해야 한다. 대규모 교전이나 전쟁이 나도록 유도하는 집단이 있는가? 대규모의 이익을 얻는 집단은 방위산업체, 관련 주식 대규모 보유자들, 군산 복합, 군산 정치인 복합, 군산 정치인 지식인 복합들이다. 이란, 이라크와 전쟁 관계에 있어 북한이 붕괴되기를 바라는 이스라엘 정부의 이익과 무기 판매 이익, 미국, 일본의 이익, 중국, 러시아의 이익, 한국 내부 특정 집단의 이익, 북한 내부 특정 집단의 이익 등을 다각적으로 분석하고, 각각에 맞는 대응책을 마련해야 한다.

베트남 전쟁에서 통킹 만 사건 조작으로 이익을 얻은 집단은 누구였는가? 시콜스키(Sikorsky)[15]를 비롯한 방위산업체들이었다. 이라크에 대량살

---

15) 미국 코네티컷 주에 있는 미국 최대 전투용 헬리콥터를 제작하는 회사이다. 1978~1984년에 필자의 집에서 약 30분 거리에 이 회사가 있었기 때문에 계속 관찰할 수 있었다. 월남전이 1975년 종결되기 6개월 전에 수만 명을 해고했다. 전쟁 발발과 종결을 미리 예측하고 고용을 증가시키거나 대량 해고를 한다.

상무기가 숨겨져 있다는 거짓 명분을 내세워 이라크 전쟁을 일으켜 이익을 얻은 집단은 누구였는가? 미국의 원유 탐사 기업인 핼리버튼(Halliburton)과 관련 인사들이었다. 한국전쟁에서 이익을 얻은 집단은 일본의 미쓰비시(Mitsubishi) 등이었다. 또한 연평도 전투에서 이익을 챙긴 조직은 결국 스파이크 미사일(Spike missile)을 판매하는 이스라엘 무기상들과 이스라엘 정부였고, 그 밖에도 몇몇 집단이 이익을 얻었다.

한반도에서 확전, 교전의 증가, 적대관계를 더욱더 적대적으로 만드는 집단을 파악하고, 그들의 의도를 충분히 분석하고 그에 대응해야 한다. 현 정부는 6·15선언, 10·4선언을 능가하는 대안을 구축, 실행하고 있는가? 아니면 6·15선언, 10·4선언을 완전 폐기하고, 새로운 대안을 구축해 평화 번영을 추진하고 있는가? 그것도 아니라면 전쟁이 시작되고 있는 것은 아닌지 살펴봐야 한다.

현 정부는 일반적인 의미에서의 협상 능력이 있어야 한다. 현 정부는 북한의 마음을 사로잡을 수 있는 안을 가지고 있지 않은 듯한데, 이를 어떻게 구축할 것인가라는 질문에 답을 찾아야 한다.

최근의 갈등과 전투에서 희생된 사람은 전사한 군인들과 연평도 주민들이었다. 그들이 정부를 평가할 자격이 있다.

희생자들의 반대편에서 전쟁을 확대시키는 사람들은 누구인가? 전쟁을 벌여 이익을 증대시키는 사람들은 누구인가? 현 정부가 이들을 찾아내고, 이들에 대응할 전략을 가지고 있는가를 점검해야 할 것이다.

북한 붕괴 통일전략의 취약점

1994년 김일성 주석 사망 이후 세계는 북한이 2년에서 5년 이내에 붕괴할 것이라고 예측했지만 그 예측은 빗나갔다. 지금까지도 북한은 붕괴되지 않았고, 오히려 강력한 수준의 핵무장을 하고 더욱더 체제 강화를 하고 있다. 그런데도 여전히 북한의 자원 고갈, 내란, 탈북 등을 유도해 북한이 붕괴한 이후에 통일하자는 전략을 주장하는 사람들이 있다.

이는 북한이 항일 투쟁의 뿌리와 소작인들과 빈곤층, 대대로 종살이하던 사람들을 기축으로 하는 집단적 투쟁으로 깊은 힘의 결속을 유지하고 있다는 사실을 제대로 분석하지 못한 데서 발생한 오류이다. 이제라도 북한을 제대로 알고, 심층적인 분석에 기초한 전략을 세워야 평화적으로 문제를 해결할 수 있을 것이다.

이 전략은 새로운 것이 아니라 Oplan 5029, 5030 등에 이미 나와 있는 것이다. 북한은 이미 우라늄 농축, 플루토늄 재처리, 핵무기 추가 생산 등의 핵 억지력을 최대한 사용해 이 붕괴 전략에 대응하고 있다.

북한은 2016년 정도에는 수소폭탄까지도 생산할 수 있는 능력을 보유할 것으로 평가된다. 핵무기를 탑재한 육상과 해상 잠수함 발사 미사일도 개발할 것이다.

러시아와 중국은 북한이 붕괴되지 않도록 하는 버팀목 역할을 충실하게 하고 있으며, 경제적인 지원, 무기체계 지원, 외교적인 지원을 할 것으로 평가된다. 2015년 기준 러시아는 북한에 중유를 공급하고 있는 것으로 추정된다. 이는 사회주의권에서의 에너지 동맹을 포기하지 않고 미·일 군사동맹이 북한을 붕괴시키지 못하도록 하는 중요한 대응 전략이라고 생각할 수 있다. 따라서 국제사회는 현재의 전략보다는 교류 협력, 경제 번영, 공리, 공존, 상생의 전략을 세우는 것이 바람직하다.

현재 한국이 북한과의 수산물, 농산물, 개성공단 등에서의 교역으로 인해 지불하는 금액은 사실상 이른바 '잃어버린 10년의 김대중, 노무현 정권' 시절의 '퍼주기' 수준의 금액에 미치지 못하는 미미한 수준이라는 것을 정확하게 인식할 필요가 있다. 남북한은 이미 경제 교역에서 상생의 시대로 들어서고 있다.

우라늄 교역: 핵 자주와 미래의 전략

북한에서 우라늄을 한국으로 가져오도록 하는 것이 필요하고, 우라늄 교역을 통해 남북한이 우라늄 공동체를 만들고 이를 강화하는 것이 좋은 전략이다. 북한 평산에는 대규모의 우라늄 광산이 있다. 따라서 한국은 외국에서 우라늄을 비싼 가격으로 수입하는 대신 평산의 우라늄을 수입하면 된다. 이는 한국이 외국에 핵 종속당하는 것을 막는 데 큰 효과가 있는데, 그들이 수출을 거부하면 한국은 난처해지기 때문이다. 즉, 핵 자주16)를 해야 한다. 한국은 미국 등지에서 우라늄 광석 4000톤을 구입해 다시 미국, 프랑스, 영국, 러시아 등에 매년 6000억 원을 주고17) 처리 받아 원자력발전

---

16) 필자는 이미 10여 년 전 ≪기독교사상≫에 핵 자주 관련 논문을 발표한 적이 있다. 핵뿐 아니라 모든 것에서 자주해야 인간다운 삶의 질을 즐길 수 있고, 지속가능한 평화를 이룰 수 있다. 비핵화하더라도 자주적·주권적으로 해야 하고, 핵을 일정한 용도로 보유하더라도 주권적으로 해야 한다.

17) 이병철, "대미 원자력협상, 핵 오리엔탈리즘 극복해야", ≪경향신문≫, 2012년 8월 27일 자. 필자의 결론은 그의 결론과 다르다. 한국은 북한에 있는 엄청난 우라늄을 교역해서 가져오도록 하고, 미국 등 국가에서 수입하지 말아야 하며, 핵물질 남북 교역을 통해 핵통합 정책을 성공시켜야 한다.

소에 사용하는 방식으로 막대한 돈을 지출하고 있다. 북한에서 이 모든 것을 공급받으면 원자력 통일 공동체를 운영할 수 있을 것이다.

한국은 핵 재처리 공장, 우라늄 농축 공장을 가동해 최대한 일본의 핵 수준 능력과 대등한 능력을 보유해야 한다. 이를 위해 미국과의 핵 협정을 2015년의 개정안보다 더 철저하고 확실하게 개정, 조정해 한국도 재처리 시설을 보유할 수 있고, 재처리를 할 수 있도록 해야 한다.

남북한은 마음을 같이 하고, 적극적인 공생, 상생, 공존, 공리를 위한 평화 관리 비용을 충분하게 사용할 필요가 있다. 한국의 경제 능력으로 충분하다. 현 국가 예산에서 연 1조 원 정도인 통일부 예산만이라도 확실하게 사용하면 평화 관리는 충분하다고 할 수 있다. 현 정부의 불필요하고 무리하며 과도한 북한 압박, 봉쇄, 붕괴 작전으로는 오히려 양쪽 모두에 엄청난 피해를 줄 수 있고, 국민 전체의 행복추구권을 파괴할 수 있으며, 근본적인 문제 해결이 어렵다는 것을 깨달을 필요가 있다.

평화 관리: 국가 안보위원회의 북한 바로 알기 심층적인 훈련

한반도에서의 전투, 전쟁의 위기가 고조되고 있다. 이를 평화적으로 관리하는 한국 및 미국의 국가 안보위원회(National Security Council: NSC)의 참여자들, 주한미군사령부의 간부들과 주한미군, 군속들은 다음 사항을 의미 있게 정리할 필요가 있다.

최소한의 군사 이해를 위해 군 복무를 하지 않은 요인(要人)들은 30일간의 사격 훈련과 기본 훈련, Oplan 5026, 5027, 5029, 5030, 8022, 8015를 포함한 재래식 작전 전술 전략, 핵전쟁 훈련, 30일간의 북한에 대한 심층적인 이해와 분석 교육 훈련을 받아야 한다. 이뿐 아니라 북한의 소통 문화와 방식, 북한의 갈등 역사, 비전투적인 측면의 사회 문화 이해를 증진시키는 교육 훈련을 받도록 해야 하며, 이러한 교육 훈련을 모든 NSC 위원이 매달 지속적으로 10시간 이상 받도록 하는 것을 제안한다. 이는 국민의 생명을 책임져야 하는 관료, 공무원들이 군사적·비군사적인 판단을 할 때 위험한 판단을 하지 않도록 하는 예방 방안이 될 수 있다. 특히 전쟁을 막을 수 있는 예방 경제 이론을 습득해야 한다. 예방적 외교(preventive diplomacy)라는 개념은 잘 알려져 있으나 예방 경제라는 개념은 잘 알려져 있지 않다.

백악관, 국무성, 국방성의 요인들은 한반도 100년의 갈등 역사를 학습하고, 군사적·비군사적·경제적·문화적인 소통 방식, 북한 사회 역사 등의 북한 바로 알기 교육을 지속적·항구적·기본적으로 받아야 한다. 1년에 최소한 50시간의 철저한 교육을 받아야 한다. 이러한 준비가 되어 있지 않은 사람들은 중요한 한반도 전쟁, 전투, 평화 정착의 결정 과정에서 배제되어야 한다.

또한 개성공단 사업을 확대 추진해야 한다. 이를 통해 개성공단 2000만 평을 조성하고, 100만 명의 북한 노동자를 문화적으로 교육, 의식화하는 작업을 할 수 있다. 이는 동시에 그들을 통해 북한 문화를 수용, 소화, 융합하는 기회가 될 것이다. 이 계획을 적극 추진하는 것이 경제 전략이다. 그리고 전쟁을 막을 수 있는 전략이 된다. 정주영은 북한으로부터 개성공단 2000만 평 개발을 약속받아냈다. 현재는 100만 평에 북한 노동자 약 5만 명이 일하고 한국에서 2000명 정도가 일한다. 이것을 20배로 늘려서 2000만 평을 만들면 남북한의 문화 충돌을 점진적으로 막을 수 있는 경제적인 충격 흡수 지대가 될 것이다. 확대된 개성공단은 남북한의 문화가 대화하게 하는 장이 된다. 문화가 화해하고 경제가 공영, 공리, 공생으로 발전할 수 있는 문화 공간이 창출되는 것이다.

평화 통일 융합 전략

　연평해전이 일어났고, 천안함 침몰사건이 일어났고, 연천에서 탈북자 단체가 대북전단을 북한으로 보냈을 때 북한이 고사총을 발사해 대북전단을 실은 비닐 풍선을 파괴하려고 했고, 남북한이 수차례 상호 사격하는 사건이 일어났다. 이것은 전면전으로 확대될 수 있는 극도로 민감한 사건들이었다.

　한국은 천문학적인 액수로 무기를 수입하고 있고, 북한 역시 극도로 어려운 경제 상황 속에서도 무장을 강화하고 있고, 다양한 핵무기를 계속해서 제작하고 있다. 이러한 과정을 어떻게 반전시킬 것인가? 민족 전체가 공멸할 수 있는 위험한 불장난을 어떻게 전환시킬 것인가? 연평해전을 어떻게 해야 평화 경쟁 구조로 전환시킬 수 있을까? 필자는 이를 융합 전략으로 풀어나갈 수 있다고 믿는다.

남북한 평화 통일 국방 전략 관련 제안

　남북한의 평화 통일을 위해 다음의 세 가지를 제안한다.

　첫째, 한·일 군사 정보 협정에 반대하는 것이 바람직하다. 이에 합의할 경우 남한의 군사정보 비밀을 지켜나가지 못하게 되며, 일본에게 침략당할 위험이 증가될 것이다. 즉, 일본의 스파이활동을 공식적으로 인정하는 것이 될 것이다. 이는 1965년 한·일 협정 방식과 유사하다. 남한의 국방을 일본에 의존하려 하거나 작전권을 미국에 준다면 자주 국방을 포기한 것인가라는 질문에 답하기 어렵다. 국회가 한·일 군사 정보 협정 반대에 동의해야 한다. 헌법재판소가 한·일 군사 정보 협정을 심의하도록 해야 하고, 감사원, 검찰, 민간단체, 정당을 총동원해서 이를 막아야 할 것이다.

둘째, 5·24대북제재조치로 북한은 약 3억 달러 이상의 손실을 입었고, 한국은 1조 7000억 원의 손실을 보았다는 평가가 있다. 수지가 안 맞는 계산이었다는 것을 성찰하고, 평화를 위해 5·24대북제재조치를 즉시 중단해야 한다.

셋째, 필자와 우리 모두는 서해에서 일어난 전투에서 전사한 장병과 민간인들의 생명을 지켜주지 못한 것에 책임이 있다. 이 책임을 지려면 이제부터라도 조속히 평화협정을 체결해 확실하게 평화를 만들어야 한다. 다시는 이러한 전사자들, 희생자들이 발생하지 않도록 하는 것, 그리고 통일을 이루어내는 것이 그들의 영혼을 위로하는 길일 것이다.

14

/

촉매 패러다임

지속가능한 통일의 미래 전략

북한과 만나는 접점

남북한은 북한이 꼭 필요로 하는 접점에서 만나야 할 필요가 있다. 북한이 필요하다고 느끼지 않는 점을 통해 만나려고 하면 협상이 잘 안 될 것이 뻔하다. 평화조약을 맺고, 남북한이 화해하고, 경제협력으로 서로 존중하면서 함께 사는 공동체를 만들어가는 것이 그 접점이 될 것이다. 북한이 필요를 느끼지 않는 곳에서 만나려는 것은 잘못이다. 상대의 필요에 우리가 나아가 손을 잡아야 한다. 먼저 그들의 마음을 잡아야 한다. 마음과 마음이 만나야 소통이 이루어지는 것이다. 지금은 극도로 적대적인 감정을 가지고 자극을 하고 있기 때문에 만남이 성사되기 어렵다. 적대적인 감정을 풀어야 한다. 말 한 마디라도 잘 선택해서 상대를 비하, 무시하거나 모욕하는 일을 절대 삼가야 한다. '남에게 대접을 받고자 하는 대로 너희도 남을 대접하라'는 누가복음의 말씀을 기억하자. 다시 말해 피해자 중심으로 접근해야 한다(Victim centered perspective).

조만식은 교회의 장로로서 평양 YMCA의 간사(총무)를 했고 통일을 위해 적극 활동했으나 '주류'가 되지 못하고 북한 땅에서 "곁가지"[1]로 제거당했다. 2015년에 조만식을 다시 접점으로 하는 것은 북한에 큰 부담이 될 수도 있다. 여운형은 YMCA 활동에 참여한 때가 있었으나 후에 우익에 의해 암살되었다. 여운형의 경우에는 그 딸들이 북한에서 아주 중요한 정치적 역할을 해온 것이 사실이다.

"우리는 과거를 믿지 않습니다. 통일을 위해서 함께 일합시다"라고 강영섭 전 조그런 위원장이 자주 반복하시던 말씀을 기억한다. 강영섭 위원장과 강명철 위원장은 칠골 가문으로 북한을 형성시킨 가문의 일원이고 실세이다. 따라서 강명철 위원장이 적절한 접점이라고 할 수 있다. 다른 측면에서 논할 수 있는 접점과 토론의 장을 다음과 같이 열거할 수 있다.

① 희생적 사랑: 예수 그리스도.

② 강도당한 자에게 사마리아 사람으로서의 YMCA: 피해자 중심의 접점.

③ 분단의 주체는 미국과 소련: 배상 10경 달러 청구 소송 가능할까?

④ 애치슨 전 미국 국무장관은 1950년 1월부터 대북 경제제재를 실시했다. 미국은 아직도 대북 경제제재를 하고 있다. 이것은 결국 1945년 제2차 세계대전 종전으로 자유, 자본주의 진영 브레턴우즈 컨퍼런스에서 IMF, 세계은행 등을 조직하고 공산주의를 질식사시키려고 한 전략을 북한에 적용한 케이스라고 말할 수 있다. 그런데도 현재 중국은 공산당이 강력한 경제성장을 주도하고 있고, 세계 2대 경제 대국으로 부상해 미국을 위협하고

---

1) 북한에서의 주류는 김일성 만경대 집안, 항일 빨치산 집안이며, 그 밖의 인물이나 집안, 후손을 '곁가지'라고 한다. 큰 나무의 곁가지들을 잘라버려야 본줄기가 잘 살아난다는 뜻이다.

있다는 것을 무시할 수 없다.

⑤ 2014년 8월 13~17일 평양에서 접점을 확인했다. 다른 수많은 민간 통일 단체와 정부의 관변단체(官邊團體)들이 평양을 방문하지 못하는 상황에서 19명이 방북했다. 북한 조그련 강명철 위원장의 한국기독교교회협의회, 가맹 교단 대표, YMCA, YWCA에 대한 강력한 신뢰를 확인할 수 있는 사건이었다.

⑥ 창구를 확실하게 하자. 우선 조그련으로 창구 단일화를 할 수도 있다. 그 외에 협력 사업상으로 순안 애국 삼림연구소 등을 상대할 수 있다. 북한 민화협을 도우미로 활용할 수도 있을 것이다. 2015년 6월 5일 필자와 신승민, 노혜민은 선양(瀋陽)에서 북한 민화협 대표 이창덕과 협의를 했다. 이는 조그련 강명철 위원장과 서기장 오경우 목사가 그에게 위임해 가능한 일이었고, 민화협이 그 편의를 제공했다.

이익 중심의 분석법, 앨린스키-노정선 방법[2]

통일은 남북한의 경제 대박이다. 남북한 경협은 남북한 경제 모두에 큰 도움이 될 수 있고, 미국에도 경제 이익을 준다는 것을 미국 오바마 행정부

---

2) 미국의 시민운동가 솔 앨린스키(Saul D. Alinsky)는 1960년대 미국 시카고 지역 등에서 빈민, 철거민들의 인권과 이익을 옹호하기 위한 공동체 조직 방법을 만들어 실천했다. 이는 공동체조직(Community Organization: CO)이라는 방법이다. 이 방법은 한국에 들어와 연세대학교 도시문제연구소 부소장 허버트 화이트(Herbert White)가 교육했다. 박형규, 권호경, 고 김동완 목사 등이 이 교육을 받았고, 필자는 1980년 5월 샌프란시스코에서 한 달간 이 교육을 받았다. 오바마 대통령은 그가 의회에 당선되기 전 시카고 지역에서 1년간 CO 활동가로 일했다.

에 설득해야 한다.3) 1994년에 필자는 미국 국무부 한국과(office of Korean Affairs)를 방문해 이에 대해 협의했다. 존 메릴(John Merrill) 선임 연구원 (senior researcher and investigator)과 오재식, 김동완, 폴 김(Paul Kim)과 필자가 북한을 폭격하지 말 것, 전쟁으로 북한을 가르치려고 하거나 정복하려고 하지 말 것을 권고했다. 메릴은 수년 내에 북한이 남부군처럼 얼어 죽고, 굶어 죽고, 총 맞아 죽고, 항복할 것이라고 예언했다. 이 예언은 2015년까지 적중하지 않았다. 그를 다시 만나면 그의 예언이 적중하지 않은 원인을 물어보려고 한다.

동포가 서로 사랑하고 존중하고 아끼면서 통일의 단계를 높여가는 것이 필수 조건이다. 사랑의 공동체를 회복시키는 것과 정의와 평화와 생명 공동체를 만들어내는 것이 최종 목표가 될 것이다.

밤나무 심기4)

밤나무 심기도 북한과 만날 수 있는 접점, 촉매가 될 수 있다. 북한은 매해 약 80만~120만 톤의 식량 보충이 필요하다. 충분하게 영양 공급을 하려면 150만 톤 이상이 추가로 공급되어야 한다. 현재 생산량은 450만~480만 톤 수준이고, 가뭄, 홍수, 기상이변, 추위 등의 요인으로 감소하기도 한다. 2015년에는 비가 모자라 상황이 더욱 긴급했다.

---

3) 필자는 이에 대해 2014년 7월 25일 미국 백악관 보좌관 사일러와 2시간 동안 협의했다. 2013년 7월에는 미국 국무부 로버트 킹(Robert King) 인권 특사와 90분간 협의했다.
4) 이 내용은 2014년 8월 19일 국회의원회관 1층 '북측에 나무심기' 세미나, 2014년 7월 4일 철원 송동읍 철원학마을센터 등에서 발표한 것을 발전시킨 것이다.

밤나무 묘목 선적 작업

북한의 기후, 지형에 알맞은 온실

조그련 강영섭 위원장과 밤나무 심기 합의서 작성(평양 조그련 집무실)

북한에는 나무가 거의 없는 척박한 고산지대 약 160억m²가 있다. 순안 애국삼림연구소는 2007년 한 세미나에서 이 지대는 옥수수, 사과, 배, 쌀 등은 자랄 수 없고, 밤나무가 잘 자란다고 분석했다. 이 세미나에는 필자와 백승인 장로 등 몇 명이 함께 참여했다.[5]

밤나무는 다른 과수, 곡식을 심을 수 없는 곳에도 심을 수 있어 산간벽지, 척박한 산에서도 잘 자란다. 저장성이 우수하며, 운반성이 좋다. 버섯 재배용 참나무과이고, 침목, 가구, 건축 자재, 선박, 토목, 목탄차용 연로로 사용되며, 껍질에는 염색용으로 쓰이는 타닌 성분이 있다.

1958년 밤나무 혹벌레로 토종이 전멸한 후 개량종이 개발되어 1975년 2300ha에서 7697톤이 생산되었고, 1978년 20만ha에 심어 5만 7047톤이 생산되었다.

북한 전문가는 2007년 4월 순안삼림시험연구소에서 밤나무 산지 1ha에서 최소 1~최대 7톤까지 생산할 수 있다고 발표했다.

북한은 지하 수위가 높은 곳과 연평균 6도 이하 지역에서는 밤나무가 자라지 않는다고 주장

5) 백승인 장로는 예수교 장로회 통합 측 장로로 여수 순천 지역에서 활동해왔고, 평양에 봉수교회와 대규모 온실 건설과 평양 목회자들의 아파트(살림집)를 건축하는 데 참여했다.

한다. 하지만 가을에 심어도 되고, 다람쥐가 밤을 묻어두어서 자연히 나무로 자란다. 유대접, 절접 방법[6]을 사용하고, 암과 수를 혼식한다. 함북, 평남에 일본종이 자라고 있다. 간식용, 과자 원료용, 통조림용, 쌀이나 곡식과 교환용, 제사용 등 다양하다.

✔ 한민족어깨동무재단의 역사적인 경험

밤나무 6억 그루, 연간 160만 톤 생산 이상을 목표로 했다. 조그련, 순안 산림묘목 연구소장과의 협의 및 합의로 추진했고, 3동 이상의 그린하우스 자재를 공급하고, 10만 주 정도 심은 것으로 판단된다.

✔ 밤나무 심기의 성공 사례

구세군이 금강산 지역 1만 평에 밤나무 3만 그루를 심었다. 2008~2014년까지 방북 허가가 나지 않아 확인이 불가능했기 때문에 이를 간접적으로 확인할 수밖에 없었다. 통일부 불허 정책 실시가 문제라고 할 수 있다. 2007년 필자가 영동군 구세군 수양관에서 특강을 했고, 이를 즉시 실천으로 옮긴 사례라고 할 수 있다.

✔ 밤나무 심기의 구체적인 계획

북한에 온실 준비 등의 작업을 시작해서 그 해 3월에 식목해야 한다. 식목은 학생 총동원을 하면 되기 때문에 걱정할 필요가 없다. 대밤, 중밤, 소밤(중국 밤) 중에서 중밤이 적절할 것이다. 1차 5개년 계획, 2차 5개년 계획으로 총 10년을 계획한다.

---

6) 밤을 심어 아주 초기에 접목하는 방법이다.

북한의 연료 부족

북한은 원자력발전소를 건설하던 중 1994년 클린턴 행정부의 미국이 폭격을 시도하려고 하자 이를 중단했다. 그해 7월 8일 김일성 주석이 사망(스트레스 사망으로 해석)하자 10월 제네바합의[미국이 북한에 연료, 에너지용 원자력발전소(경수로)를 지어준다, 북한은 모든 원자력발전소 건설 등을 중단한다, 건설 기간 중에는 중유 100만 톤을 공급해 전기 생산을 하도록 한다]는 완전 중단되었다. 2006년 2월에는 한반도에너지개발기구(Korea Energy Development Organization: KEDO)를 폐쇄하고, 미국은 사장 월급만 받고 실질적인 경제 지원은 거의 하지 않았다.[7] 북한은 태천에 200만kw급 공사를 콘크리트 바닥만 깐 채로 완전히 중단했다. 북한은 핵무기를 먼저 가져야 전기도 생산할 수 있다고 판단하고 10월 9일 1차 핵실험에 성공했다. 이에 부시 전 대통령은 2002년 6월 북한을 핵무기로 선제공격할 수 있다고 선언했다.

1950년 미국은 북한 26개 타깃에 핵폭격을 하겠다고 기획했으나 맥아더 사령관 해임으로 중단되었다. 1953년 미국은 휴전협상 중 북한을 핵공격하겠다고 했고, 1968년에는 푸에블로(Pueblo) 호가 북한에 나포되자 다시금 북한을 핵공격으로 협박했다. 미국의 협박에 위기감을 느낀 김일성 주석은 국가 예산의 절반을 군수산업과 국방에 돌리고, 나머지를 산업 발전과 민생 복지에 사용하기 시작했고, 이때부터 북한의 화려했던 경제 성장은 급격한 고난의 굶주림으로 들어가 결국 1996년 이래 350만 명이 기아로 사망하게 되었다. 거의 모든 민생 산업이 문을 닫고, 나무는 연료로 사용되

---

7) KEDO란 미국이 1994년 북·미 합의에 근거해 조직한 회사이다. 이 회사에 미국인이 사장으로 부임했으나 경수로 건설 비용 약 50억 달러 중 한국전력이 약 36억 달러를 냈고, 일본이 약간 지원했으며, 미국은 거의 지원하지 않았다.

고, 심지어 뿌리까지도 캐서 연료로 사용해야 했다. 홍수가 나면 경작지들이 크게 파괴되고 자갈밭이 되어가는 사막화가 일어날 지경이 되었고, 전기 생산을 위해 원자력발전소를 흑연감속방식으로 건설하기 시작했다.[8]

북한은 우선 핵무기를 가진 후 경수로를 건설해 에너지를 확보하려는 전략으로 전환했다. 에너지 부족은 산에서 나무를 베어 땔감으로 사용해 해결했지만, 홍수로 토양이 유실된 탓에 생산량이 줄어들고 기아 사망자는 350만 명을 넘어섰다. 2012년 이후 최근 3년간 GDP가 연 1% 정도 상승했고, 군량미를 일부 배급하는 등으로 식량난으로 인한 기아 사망에 대처하고 있다.

산간의 나무를 연료로 사용해 나무가 절대적으로 없는 산이 대부분이고, 약 160억m²에는 전연 나무가 없어 홍수가 나면 고운 흙이 바다나 강으로 쓸려 내려가 농사를 지을 수 없는 자갈밭이 되었다. 2015년 라진·선봉에서의 홍수가 그 사례이다.

영양실조는 민족 유전인자를 약화시켜 민족 전체가 강한 유전자 민족에게 먹히게 한다. 주변국을 계산해야 한다. 중국, 일본, 러시아 등을 보라. 이제라도 북한의 연료, 식량 부족으로 인한 기아 사망이 한민족 전체의 문제임을 깨닫고 우리 모두 민족 살리기에 최선을 다해야 한다.

---

8) 원자력 발전을 하면 원자로 내의 온도가 올라가서 물을 증기로 발생시키고, 이 증기로 터빈을 돌려서 전기가 발생된다. 급격하게 지나친 핵반응이 일어나는 경우에는 이 반응이 서서히 일어나도록 진정시키기 위해 흑연을 투하하는 것이다. 이 방식은 핵무기를 만들기 용이하게 하는 플루토늄을 다량으로 획득할 수 있게 한다. 미국이 이 흑연감속로를 폭격해버리려고 한 것이다(1994. 6. 17).

짚고 넘어가야 할 역사적 사건 접점들

탈북자 윤아영은 종합편성채널의 채널A〈이제 만나러 갑니다(이만갑)〉에서 1972년 직전 북한의 산업이 급격하게 발전하고, 배급도 완전하게 이루어지고, 병원 치료도 무상으로 이루어지고, 의사들도 충분한 월급을 받아 뇌물을 요구하지도 않고, 학교 교육도 무상으로 하고, 교복도 무상으로 주는 등 남한보다도 더 잘살아 그들이 꿈으로 그리던 진정한 "공산주의가 잠깐 왔다 갔다고 하더라"라고 발언했다.

역사에서 '만약'이라는 말은 없지만 다음의 몇몇 중요한 역사적인 상황을 다시 토론할 필요가 있다.

1894, 1905. 가쓰라-태프트밀약: 신식민지 전략으로 지금도 지속적 음모.

1944. 브레턴우즈 컨퍼런스로 컨테인먼트전략 실시.

1945. 8. 15. 미국과 소련에 의해 한반도 분단.

1950. 1. 애치슨라인 선포, 대북 경제제재 시작.

1950. 핵공격 기획: 북한과 중국의 26개 목표를 공격하려고 했던 미국 맥아더의 기획이었고, 이 기획을 접한 미국 대통령 트루먼은 제3차 세계대전이 일어날 것을 염려해 그를 해고하고 제대시킴.

1953. 북한, 중국, 미국(유엔군사령관) 간 휴전협정.

1968. 원산 앞바다에서 정보를 수집하던 푸에블로 호 나포로 미국이 북한을 핵으로 공격한다고 위협하면서 북한에 미국 해군 포로 약 100명을 석방하라고 했고, 그 후 모두 석방됨.

1994. 6. 17. 클린턴 전 미국 대통령은 북한의 핵무기 개발 시도를 차단하기 위해 영변 핵시설과 태천의 원자력 발전소를 폭격하려고 함.

2002. 6. 부시 전 대통령이 북한을 핵무기로 선제공격할 수 있다고 발언.

2006. 제네바합의에서 북한에 경수로를 공급하겠다고 한 약속이 완전 폐기되고, KEDO가 폐쇄됨.

세계를 먼저 비핵화한 뒤 한반도를 비핵화하는 촉매[9]

가해자들부터 비핵화해야 한다. 이미 희생당한 자들에게 더는 희생을 강요하지 말아야 한다. 오늘날 가해자들은 더욱더 많은 핵무기를 만들고 첨단화해 약육강식이 일어나고 있다. 불의한 강자들은 약한 피해자를 악마로 다룬다.

필자는 후쿠시마 시민들이 제작한 방사능 측정기로 가는 곳마다 방사능을 측정하는 것이 일상이 되었다. 한국에 있는 모든 원자력발전소를 2회씩 다니면서 조사했다. 필자의 조사에 따르면 그 수치가 0.06~0.11(μs/hr) 정도여서 대단히 안전한 편이었고, 수치가 가장 높은 곳은 대천해수욕장 근처 공군사격장 등이었다. 1.0 이상이면 위험 수위로 평가된다. 서울 중심부에도 0.37인 곳이 있다.

어떤 행동을 하는 것이 정의를 실현할 수 있는 길인가? 어디에 음모가 숨어 있는가? 누구의 이익을 위해 민간인, 민중, 인민이 희생되고 있는가?

필자는 2013년 6월 미국 국무부에서 킹 인권 특사와 90분간 협의를 했다. 필자가 1950년 1월부터 대북 경제제재를 가한 것, 애치슨라인을 선포해 일본만을 방어하겠다고 한 것, 한반도를 분단해서 이산가족 1000만 명의 인권을 유린한 것을 집중적으로 지적하자 그는 모두 다 그들의 실수라고 인정했다. 그 협의장에는 7명의 증인[마크 해리슨(Mark Harrison) 목사, 김

---

9) 촉매와 촉진을 시키는 사람들(Catalyst-Facilitator)이 되어야 한다. 필자의 전략이다.

영주 한국기독교교회협의회 총무, 조헌정 목사, 한국기독교교회협의회 당시 통일위원장, 당시 향린교회 담임 목사, 미국 감리교 사회선교 국장 등이 있었다.

한반도 비핵화를 논하기에 앞서 먼저 세계의 모든 핵무기 제거, 해체, 생산 폐지를 논해야 한다. 어떤 방법으로 전 세계 모든 원자력발전소를 전면 폐기하고, 건설을 중단할 것인가에 대해 논해야 할 것이다.[10] 그러나 오늘날 세계는 유엔, 미국, 일본, 이스라엘 등을 통해서 북한의 핵무기, 핵무기 제조 프로그램, 원자력발전소 건설만 집중적으로 폐기시키려는 노력을 추진하고 있다.

북한을 비핵화하기 위해 북한에 강력한 경제제재를 하고, 북한 붕괴를 위해 군사, 식량, 경제 등의 분야에서 종합적인 압박을 가하고 있다. 한국이 원자력발전소 모두를 폐기하는 비핵화를 할 수 있을까? 전 세계 모든 핵무기를 다 폐기하고, 모든 원자력발전소를 폐쇄하고, 방사능 물질을 모두 안전하게 처리할 수 있는 방안이 있는가? 아니면 우선 상대적이며 잠정적인 중간 단계의 핵 처리 방안을 추진하는 것이 현명한 방법일까? 북한은 생존권이 보장되지 않는 한 절대로 핵무기를 폐기하지 않을 것이다. 리비아의 카다피, 이라크의 후세인이 속아 넘어갔던 길을 다시 반복하지 않겠다

---

10) 필자는 1973년 하버드 대학교에서 '미국과 소련의 전략핵무기 감축 방안'을 주제로 논문을 발표했다. 키신저와 에드워드 케네디(Edward Kennedy)가 주로 작업했던 국제 문제 센터(Center for International Affairs)에서 약 6개월간 연구하면서 작성한 논문이었다["Strategie Arms Limitation Talk"(Harvard Divinity School, 1973)]. 2014년에는 후쿠시마에서 열린 국제협의회에서 수영장 이론으로 후쿠시마 최악의 멜트 다운(melt down)을 막을 수 있는 이론을 설계하고, 경주 덕동호의 물을 사용한 멜트 다운 방지 전략에 관한 논문을 작성해 특허를 신청했다. 멜트 다운이란 원자력발전소 내에서 핵물질이 완전히 녹아 내려 수십 년에서 수백만 년 동안 계속해서 방사능이 누출되는 현상이다. 대표적인 예로 체르노빌과 후쿠시마의 사고를 들 수 있다.

는 것이 북한의 결의이다. 하지만 미국은 북한의 핵 강화와 경제 발전 병진 정책을 막으려고만 한다.

미국과 일본, EU 등은 북한을 압박하기 위해 마이클 커비(Michael Kirby) 전 유엔 북한인권조사위원회 위원장을 동원해 북한을 인권유린 국가로 만든 북한의 지도자를 국제형사재판소에 기소하는 안을 추진하고 유엔 총회에서 결의를 얻어냈다. 그러나 이 안은 중국과 러시아의 안전보상이사회 거부권 행사로 통과되지 못할 것이고, 다만 상징적 압박으로 작용할 것이다.

한국은 현재 핵 발전기(reactor)를 23개 정도 가동하고 있고, 앞으로도 약 10개 정도를 더 건설하거나 설계할 예정이며, 부산에 잇는 고리 핵 발전기는 2017년 폐쇄가 결정되었다. 서울시에서는 '원자력발전소 하나 줄이기 운동'을 하고 있고(박원순 서울시장), 그 밖에 부산에 있는 발전소와 경주 월성발전소 중 가장 오래된 것을 폐쇄하라는 요구가 있다.

일본은 43톤 이상의 플루토늄을 축적하고 있어 단시간에 핵폭탄 약 2000개 이상을 제조할 수 있는데 반해, 한국은 미국의 불허로 재처리를 하지 못하고 있다. 이처럼 미국은 일본과 군사동맹을 강화하면서 남북한과 일본을 차별하고 있다. 이럴 때일수록 남북한이 단결해서 한반도의 평화를 지켜야 할 것이다.

미국의 핵위협과 그들의 핵전쟁 연습장, 한반도

미국은 매해 한반도에서 4~5회의 핵무기 관련 사고를 내고 있다. 한반도에서 이러한 사고가 지속될 경우 한반도 인구 8000만 명은 멸종의 위협이 있는 핵 타격을 받을 수 있다. W88 수소폭탄이 이미 20개 이상 실전 배치되어 있고, 한 발만 발사해도 히로시마 원자폭탄의 700배에 달하는 살상을 할 수 있다.

따라서 원자력발전소를 다 폐쇄하고 더는 건설하지 못하도록 해야 하지만 그렇게 될 가능성이 없어 보이는 것이 오늘의 현실이다. 창조적인 전략과 방법으로 미국을 비핵화하는 것이 가장 먼저 해야 할 일이다.

미국은 한반도에 1600~1720발에 달하는 핵무기를 배치했고 아직도 한반도 육지와 바다에서 핵무기 능력을 행사하고 있다. 미국이 어느 곳에 몇발의 핵무기를 배치하고 있는지를 확인하는 것은 대단히 어려우며, 내부고발자의 증언에 의존할 수밖에 없다. [11]

한국전쟁 당시 미국 맥아더 장군은 26개의 타깃에 핵공격을 하도록 기획했으며 이러한 기획은 언제든지 다시 부활할 수 있다. 이후 1953년, 1968년에도 미국은 수없이 북한을 핵무기로 공격하겠다고 위협했다.

2014년에도 해리 해리스(Harry Harris) 미 태평양군사령관이 필요하면 북한을 핵으로 공격할 수 있다고 공개적으로 말했다. 이런 상황을 잘 알고 있는 북한이 핵무기를 폐기할 가능성은 없어 보인다.

미국이 북한에 계속해서 경제 봉쇄와 제재를 가해도 별 효과는 없을 것이다. 오히려 북한과 러시아의 협력만 강화시켜 바다에서 대륙간탄도탄을 발사할 수 있는 잠수함을 건설, 배치할 가능성만 증가시킬 것이다.

미국의 핵전력, 즉 B2스텔스기는 군산 앞바다 58km 지점에 있는 직도를 핵폭탄 모의탄 투하 타깃으로 해 연습하고, 핵무기 20발을 탑재한 B52폭격기는 강원도 영월을 타깃으로 핵 투하 훈련을 하는 등 한반도는 미국의

---

11) 핵무기 수리공장이 있는데, 피터 헤이스(Peter Hayes)는 그 공장 수를 전화번호부에서 확인하려고 했다. 따라서 미군의 핵무기 창고에서 일하는 종업원이나 군인들이 내부고발자가 되어 발표하도록 격려하는 것도 한 가지 방법이 될 수 있다. 이를 호루라기 부는 사람(Whistle Blower)이라고 한다.

핵전쟁 연습장으로 희생되고 있다.

이 핵의 위력은 인근 한국 국민의 사망은 물론 북한도 초토화시킬 수 있을 정도로 강력하다. 이런 차원에서 한국 내 미국의 핵 폭격 연습장은 연습과 실전을 함께 할 수 있는 곳이라고 할 수 있다. 이처럼 한반도의 민족을 공멸시킬 수 있는 미국의 횡포에 한국 국민들은 저항해야 한다. 12)

한반도 평화를 위한 방법은 있는가?

강대국들의 핵무기와 원자력발전소가 다 폐기된 이후에 북한에 핵무기 폐기와 원자력발전소 공사 및 재처리 중지를 요구해야 한다.

북한은 1994년에 이미 태천에서 원자력발전소 건설 공사를 하다가 미국과의 제네바합의 이후 이를 중단, 폐기했던 경험이 있다. 그리고 미국은 전기 공급을 위해 경수로를 건설해주겠다고 했으나 2006년 2월 완전하게 KEDO를 폐쇄한 뒤 합의를 지키지 않았다. 북한은 미국에 속았다고 판단하고 있다. 미국은 김일성 주석 사후 북한이 곧 붕괴될 것이라는 계산을 하고, 즉 약속을 지켜야 할 대상이 사라질 것이라고 판단하고 경수로 공급에 합의한 것이다. 13) 교묘한 거짓말로 약속을 한 것이다. 케네스 퀴노네스 (Kenneth Quinones) 전 미 국무부 한국 과장 등이 이를 증언하고 있다.

북한은 부분적으로는 미국과 핵에 관해 상호상멸단계(Mutually Assured

---

12) 직도는 군산 YMCA, 영월은 그 지역 YMCA 등의 민간단체들이 책임의식을 가지고 시민 방위, 시민 안보, 생명 안보를 담당해야 할 것이다.

13) 퀴노네스는 당시 제네바합의 도출을 위해 뉴욕 맨해튼 중심에 있는 42번가 커피숍에서 이에 관한 실질적인 대화가 오고갔다고 증언했다.

Destruction: MAD)14)에 들어가 있으며, 잠수함발사탄도미사일(Submarine-Launched Ballistic Missile: SLBM)도 거의 다 완성했다. 이 SLBM은 부산, 서울, 군산, 대구 등을 타격할 수 있기 때문에 한국은 THAAD나 미사일 방어 체제(Missile Defence: MD)를 배치해 전방위로 방어해야 한다. 이는 무기 구입비를 수십 조 원에서 수백 조 원으로 증가시킨다.

이러한 문제를 해결할 적극적인 방법 중 하나는 오바마 대통령과 유엔 사무총장에게 편지를 보내 이들을 설득하는 것이다. 에스엔에스(SNS), 유튜브(Youtube) 등을 통해 이들의 의식을 고쳐나가는 작업을 해야 하고, 언론, 방송(TV 등)의 매체 보도 경향을 바꾸도록 적극적인 작업을 해야 한다. 필요하면 국제재판소에 고소할 수도 있고, 보상과 배상도 받아내야 한다. 민사, 형사 소송도 활용할 수 있다. 러시아, 미국, 일본이 한반도를 분단시켜 총체적인 인권유린이 발생한 것에 대한 책임을 지게 해야 한다.

남북한이 단결해서 이 문제를 공동의 과제로 함께 풀어야 한다. 하나님께 기도하고 성령의 도움을 구해야 한다. 한반도가 통일되면 외적들의 음모가 차단되고, 한반도는 더 이상 희생양이 되지 않을 것이다.

눈을 들어 하늘을 보라 도움 어디서 오나, 천지 지은 주 여호와 나를 도와 주시네(찬송가 433장).

또한 전방위적으로 문제 해결에 나서는 것이 필요하다. 한반도의 생존을 위해서는 남북한이 단결하는 것이 우선이고, 그다음 강대국들의 음모에 대

---

14) 핵무기를 보유한 국가 간 핵전쟁이 일어날 경우 두 국가는 상호 파괴를 할 수 있기 때문에 역설적으로 핵 공격을 하지 못하게 된다. 미국, 러시아, 중국 등이 대표적으로 상호상멸관계라고 평가된다.

응하면서 다시는 종이나 노예가 되거나 식민지, 신식민지가 되지 않도록 하는 면밀하고 용의주도한 전략을 실천해야 한다. 한반도에서 핵무기를 사용하는 전쟁을 기획하고, 추진하는 모든 강대국의 악한 세력에 저항해야 한다. 그 바탕이 될 수 있는 민족 대단결, 평화적 통일을 위한 평화조약, 남북한 경제협력, 문화협력을 서둘러 체결해야 할 것이다.

미국의 한반도 비핵화 주장은 북한을 붕괴시키기 위한 전략의 일부로 해석해야 한다. 로저 신 교수는 우선 미국이 10%의 핵무기를 감축하고 상대가 동시에 10%까지 감축하는 방식을 제안했다.15) 그러나 현실적으로 북한과 미국의 관계에서 이런 방식은 불가능할 것이다. 강대국들의 핵무기와 원자력발전소를 먼저 폐기하는 방안을 만든 후 비로소 북한의 비핵화를 추진하는 순서를 지켜야 할 것이다. 리비아의 카다피가 살해된 것을 잘 알고 있는 북한이 감언이설과 협박에 속아 넘어갈 리 없다.

남북한은 5·24대북제재조치를 취소하고,16) 경제협력과 평화조약을 체결하고, 핵문제를 협력해 핵 공동체를 구성해야 한다. 아울러 유엔과 미국은 북한과 평화조약을 체결하고, 경제제재를 비롯한 모든 제재를 취소해야 한다.

파월 전 미 국무장관은 1992년 상원 청문회에서 북한과 쿠바의 지도자를 악마(demons)에 비유해 이들을 제거해야 한다고 말했다. 필자는 그가 악마 신학을 버리고, 스스로 먼저 악마가 아닌지 심각하게 성찰할 필요가

---

15) Roger L. Shinn, *Forced Option: Social Decisions of the 21st Centrury: With Reconsiderations*(NY: Harper and Row, 1982).

16) 북한이 30%, 러시아가 70% 투자해 설립한 회사인 '나선콘트란스'에 한국이 러시아 지분의 절반 정도를 구입하려고 하고 있다. 이 경우 5·24대북제재조치는 부분적으로 약화될 것이고, 유엔의 제재 역시 약화될 것이다. 5·24대북제재조치는 북한에 약 7억 달러의 손실을 주었으나, 북한은 약 3억에서 27억 달러를 해외 노동자 파견으로 벌어들이고 있다. 이는 계속 확대되는 추세이다.

있다고 생각한다.

북한 식량난은 근본적으로 미국이 브레턴우즈 컨퍼런스로 이들을 압박했기 때문에 발생한 것이다. 미국을 포함한 강대국들은 그들의 이익을 위해 한반도를 분단시킨 것을 반성하고, 이를 수정해야 한다.

패러다임을 바꾸지 않으면 문제는 더욱 악화될 것이다. 오바마의 '핵 없는 세상(Nuclear Free World)'이라는 목표는 좋지만 자국의 핵무기와 원자력발전소를 폐기하지 않고 약자인 북한의 목만 더욱 강하게 조르면서 피해를 키우고 상황을 악화시키는 이중성이 있다. 그의 전략을 전면적으로 바꿔야 한다. 그리고 북한과 공동체로 함께 사는 세상을 만들기 위해 스스로 겸손하게 반성해야 한다.

비핵화 이후 해야 할 일

먼저 봉수교회, 칠골교회에서 북한의 에너지 부족을 해결하기 위해 태양광 발전 시설을 공급하고, 수력발전소를 증가시키고, 풍력발전기를 건설해주는 일을 시작할 수 있을 것이다. 봉수천 수력발전소[17]를 구상할 수 있다.

또한 북한 인권 문제에서 심각하게 손꼽히는 꽃제비 아이들을 가정으로 돌려보내기 위해 나이가 많은 어머니 1명당 5~12명 정도의 아동을 한 가족으로 만들어 필요한 식량 등을 공급하는 것도 좋은 방법이 될 것이다.

결핵약, 말라리아약 보내기 운동도 시작해야 한다. 결핵은 남북한을 다니면서 강화되어 남북한 모두를 공격하므로 남북한이 함께 치료해야 한다.

---

17) 평양 한복판에 인공으로 봉수천을 만들었고, 이를 통해 아주 작은 수력 발전소를 만들 수 있다고 본다.

국제적으로는 한반도 평화조약을 체결하고 EU, 각국의 지도자들이 대북 경제제제, 군사제재 등 총체적인 제재를 중단하도록 해당 국가의 YMCA가 설득하고, 편지를 발송하고, 의회 등에 로비를 해야 한다. 이것은 WCC 부산 총회가 2013년 11월 결의한 사항이고 의무(mandate)로 결정된 사항이다.

한반도에서의 전쟁 발발을 막아야 한다. 일부러 전쟁을 일으켜서 무기를 더 많이 팔아먹으려 하고, 더 첨단의 무기 개발 경쟁을 시키고, 굶어 죽더라도 무기 증강 비용은 증가시키는 무서운 경제로 만들어가는 무기 장사꾼들의 음모를 파괴해야 한다.

이뿐 아니라 생명, 생태 운동도 강화해야 한다. 남북한은 공동 운명 공동체임을 다시 확인하고, 생태를 살리는 거시적인 운동을 함께 추진해야 한다.

나아가 남북한의 영적 통일을 추진해야 한다. 북한의 기를 살려주고 부활시켜서 남북한이 다시 하나의 민족, 가족, 생명, 생태라는 것을 확인하고 추구하면 통일은 자연스럽게[無爲而化] 이루어질 것이다. 기도의 영적 통일, 실천과 전략의 영적 통일을 추구해야 할 것이다.

마지막으로 선택적 망각증(selective amnesia)을 치료해야 한다. 분단을 유도한 가해자인 강대국들의 범죄 행동을 망각하고 내면적인 요인만을 규탄하는 것만으로는 충분하지 않다. 이는 사대주의적인 강대국 우상숭배이다. 통일된 한반도를 다시 만들기 위해 선택적인 망각증을 치료해야 한다. 통일은 지속가능한 과정으로 이루어져야 한다. 일시적이거나 한 쪽이 다른 쪽을 잡아먹고, 먹히는 과정이 되어서는 안 된다. 외세가 강제로 통일시켜도 안 된다. 자주적인 이익이 중심이 되는 운명 공동체로서의 통일이 되도록 힘을 합치고, 남북한이 단결하는 것이 핵심이 되어야 한다. 적극적인 참여로 이루어져야 하고, 긍정적인 힘으로 이루어내야 한다. 통일은 더 큰 하나의 국가로 회복되는 것이다. 제국 세력의 조작을 막아내는 통일이 되도록 충분한 실력을 기본으로 해야 할 것이다.

15

/

핵 안보의 허구

핵 안보 정상회의의 허구와 진실

오늘날 가장 위험한 핵 테러를 전 세계와 자국민에게 행하고 있는 국가는 후쿠시마 핵 사고를 위장, 은폐하고 있는 일본이다. 이스라엘은 핵무기를 150~200여 발 생산, 보유한 것으로 보고되어 있다. 이 핵물질 중 일부는 미국에서 가져온 것으로 미국이 핵물질과 핵무기 확산을 한 경우로 볼 수 있다. 이스라엘은 이러한 핵무기로 중동에서 이란, 이라크, 리비아, 이집트, 팔레스타인 등을 핵무기로 직접적으로 위협하고 있다. 심리적·군사적으로 핵 공갈, 핵 테러를 하고 있는 것이다. 누가 핵무기 테러를 하고 있는가? 하지만 유엔, 안전보장이사회, IAEA 등 국제사회는 이스라엘에 어떠한 제재도 하지 않고 있다. 이는 이중 잣대이다. 국제사회는 북한뿐 아니라 이러한 국가들에 대해서도 금융, 경제, 문화 제재를 가하고, 핵물질, 핵무기와 이 생산 공장, 기술 등을 폐기하도록 요구해야 한다.

표면상의 회의(de jure)

2012년 3월 26일 서울 코엑스에서 핵 안보 정상회의가 열렸다. 이를 두고 우선은 장황한 선언문이 화려하게 작성되었으나 그 세부 내용은 실효성이 없다고 평가하는 사람이 많다.

이는 핵 강대국들의 힘만 강화시킨 회의였다.

① 미국은 3개국으로부터 고농축 우라늄 0.48톤을 가져와 더 많은 우라늄을 소유하게 되었다.

② 핵 보유 8개국(이스라엘, 미국, 중국, 러시아, 프랑스, 영국, 파키스탄, 인도)은 핵무기를 축소하고 폐기하는 데 전연 합의하지 않았다. 앞으로 더욱 큰 폭발력을 보유한 핵무기들을 만들면서 그 개수만 줄이는 작전으로 나갈 것인데, 이는 위장 및 은폐에 지나지 않는다. 미국은 핵무기를 5000개로 줄여도 총 폭발력이 급격히 증가하는 무기를 만들 것으로 추정된다. 북한은 핵무기를 폐기하게 하려는 국제사회, 유엔 등으로부터 강력한 금융, 경제 제재를 당하고 있으나 핵 보유 8개국은 어떠한 제재도 당하고 있지 않다.

③ 이번 핵 안보 정상회의에서 핵무기 준보유국으로서 일본과 독일은 그들의 핵능력을 폐기, 축소한다는 데 합의하지 않았다. 일본은 수천 개의 핵무기를 만들 수 있는 43톤 정도의 플루토늄 농축 70% 수준을 보유하고, 재처리 시설도 가동해 영국, 프랑스 등에서 재처리 서비스를 받고 있는 것으로 알려져 있다. 이에 대한 제재도 없었다.

반면에 핵무기 약소국들의 힘은 더욱 축소시킨 회의였다.

멕시코, 우크라이나, 발트 3국(에스토니아, 리투아니아, 라트비아)은 0.48톤의 고농축 우라늄을 미국으로 보냈다. 미국에 돈을 받고 준 것이다. 이로써 미국은 핵물질을 더욱 많이 가지게 되었다.

이를 통해 이 회의가 이중 잣대의 회의였음을 알 수 있다. 포괄적핵실험금지조약(Comprehensive Test Ban Treaty: CTBT), 핵 확산금지조약(Nuclear nonproliferation treaty: NPT), IAEA 등을 기준으로 한 이 회의는 이 조직, 합의가 사실 이중 잣대를 가지고 있다는 것을 은폐, 위장했다.

결과적으로 이 회의는 핵무기를 감축시키는 데는 무관심했으며, 원자력 발전소 증설만 지원했다. 원자력발전소를 줄이거나 폐기시키고, 다른 에너지를 개발, 지원, 창출하기 위한 회의가 아니었다.

사실상의 회의(de facto)

실제로는 북한 핵과 미사일 발사를 봉쇄하고, 북한에 대해서 외부로부터 문을 닫아버리는 회의였다. 즉, 북한의 개방, 개혁을 막는 회의였다. 북한을 가두어 놓고서 왜 국제사회로 나오지 않느냐고 하는 것이 미국 등의 논리다. 가두어 놓은 것을 먼저 풀어주어야 한다. 문을 밖에서 잠가 놓은 것은 미국 등이다.

2013년경 북한의 김정은을 죽이자는 구호를 사격 표적지에 적어놓고 훈련하는 인천 모 부대의 사진이 공개되었다. 북한은 최고 존엄, 김정은, 김정일을 모독하는 것이라면서 성전(聖戰)을 시작할 것이라고 대응했다. 선전포고를 한 것이다. 북한은 최고의 위험을 수반하는 전쟁을 하겠다고 엄포를 놓으면서 "우리는 빈말을 하지 않는다"라고 하며 갈등을 고조시켰다.

2012년 핵 안보 정상회의는 표면상의 목표와 실제적인 목표 두 가지를 다 달성했는가? 결국 둘 다 실패했다고 평가된다.

모든 국가는 인공위성을 가질 권리가 있다. 북한이 인공위성을 보유하도록 국제사회가 허용하고 도와야 한다. 제재만 하는 것은 옳지 않고, 북한이 국제사회로 나아가 활동하는 길을 막는 것이다.

일본은 H2B를 대륙간탄도탄으로 사용할 수 있다. 누구도 이를 제지한 적이 없다. 인공위성을 보유하고 있는 거의 모든 국가는 대륙간탄도미사일을 보유하고 있다. 북한은 한때 인공위성을 임대하려고까지 했지만 거부되었다. 국제사회는 북한도 경제 발전을 위해 인공위성이 필요하다는 것을 인정해야 한다.

한국은 일본의 핵능력과 대륙간탄도미사일 등에 대응하는 미사일 능력과 핵물질 등의 능력을 보유하도록 기획해야 한다. 그뿐 아니라 일본 전역에 도달할 수 있는 미사일을 보유해야 한다. 한·미 미사일협정을 다시 수정, 조정해야 한다. 이를 위해 제2의 이순신 거북선 작전이 필요하다.

이순신은 1592년 12척밖에 남지 않은 전함으로 300여 척이 넘는 왜군을 물리쳐 조선을 지켜냈다. 그는 거북선을 발명한 과학 능력이 있었고, 명량 해협의 지리적 특성을 적극 활용하는 전략전술에 능통했다. 오늘날 이런 능력을 다시 개발해야 한다. 필자는 이를 제2의 이순신 거북선 작전이라고 명명한다. 아마 오늘날에는 더욱 최첨단무기를 개발하고 지형을 최대한 활용하는 전략을 수립해 충분히 이를 발전시킬 수 있을 것이다.

핵문제의 근본: 거짓말을 감시할 조직의 필요성

핵 문제의 근본은 인간의 무한한 탐욕을 성취하려는 강대국들과 금융 마피아들의 은폐, 위장, 거짓말 보고에 있다.

한국의 핵 발전 관리자들은 거짓말 보고와 이를 위장, 은폐하지 못하도록 철저한 3중, 4중의 감시를 조직적·체계적으로(암행어사 제도, 국정원, 검찰, 경찰, 사법부, 감사원, 금융 감독 기구 등) 해야 하고, 거짓말을 하지 않는 전문가들을 배치해야 한다.

감시, 검사 기구에는 반드시 정식 위원의 1/3~1/5 정도를 승려, 목사, 신부 등 종교적으로 훈련된 전문가들로 구성하도록 하는 법을 제정해야 한다. 시민단체 대표의 참여권도 법으로 제정해야 한다. 국제조직도 이 원칙을 법제화해야 한다(CTBT, NPT, IAEA 등 감시). 지금까지 국가들과 금융 마피아들이 핵 감독을 해온 것은 고양이에게 생선을 맡긴 것과 같다고 할 수 있다. 이를 견제할 수 있는 양심적인 세력이 법적으로 참여하게 해야 한다.

앞으로의 핵 안보 정상회의가 나아가야 할 방향

한국은 고리 원자력발전소 등과 같이 30년 이상 오래된 원자력발전소를 2017년에 폐기하기로 결정했다. 이보다 한 발 더 나아가 대체 에너지로 전기를 생산하는 데 투자해 궁극적으로 2040년을 기준으로 원자력발전소들을 적절한 시기에 축소, 폐기하도록 연구해야 한다. 독일은 완전 폐기를 추진하고 있다. 일본은 현재 54기 중 1기 정도만 가동하고 있다.

한국과학기술원 장순홍 교수는 20% 농축 우라늄과 몰리브덴을 결합 (U-Mo)해 원자력발전소 연료로 사용하면 핵폭발 위험을 막을 수 있다고 주장하는데, 이는 아직 연구 단계일 뿐이다(프랑스, 벨기에, 미국 등과 합의 단계).

이러한 핵 문제는 근본적으로 북한에 대한 적대 정책을 취소하고, 화해 경제협력, 군사협력, 공동 군사훈련, 공동 안보 군대 조직, 핵협력, 핵 공동체 구성, 미사일 공동체 형성과 협력, 문화 통일, 경제 통일, 식량 안보, 식량 나눔, 식량 지원, 평화 통일을 전략적으로 실천해야 풀린다.

북한은 2015년에 20만kw 수준의 원자력발전소를 영변에 건설할 것으로 알려져 있다. 국제사회는 이를 방해하거나 제재하면 이중 잣대를 적용하는 것임을 알아야 한다.

북한과의 적대관계를 해소하고, 화해와 협력, 친선관계로 전환하면 문제가 풀릴 것이다. 이처럼 앞으로의 핵 안보 정상회의에서는 북한에 대해서 반성하고, 화해와 협력, 식량 나눔을 결의해야 할 것이다.

16

/

평양의 예수와 예수의 평양

평양에서의 만남

2014년 8월 13일 필자는 평양 순안공항에 내렸다. 강영섭 목사님의 모습이나 리춘구 목사님의 모습이 보이지 않았다. 하늘나라에 먼저 가셔서 우리의 한반도 평화, 화해, 통일의 노력을 내려다보고 계시는 듯했다. 공항은 2000년 3월에 방문했을 때보다 200배 정도 넓어진 듯했다. 40층짜리 아파트가 들어섰고, 거리에는 차들이 꽉 차 있었다. 택시도 많이 달리고 있었다. 강명철 목사, 오경우 목사, 김혜숙 목사, 리정로 목사, 한명국 목사, 백봉일 목사, 손명철 목사 등을 반갑게 다시 만났다.

스위스에서의 추억

2014년 6월 스위스 제네바 보세이 인스티튜트(The Ecumenical Institute

of Bossey)에서 북한 대표 4명과 한국 대표, 그리고 국제 대표가 모였다. 그곳에서 조그런 중앙위원회 위원장이자 인민 최고 위원회 상임위원으로 단단한 체구의 소유자였던 강명철 목사를 처음 만났다.

강명철 목사는 2013년부터 조그런 중앙위원회 위원장, 인민최고위원, 국가상임위원직을 맡고 있어서 8월 13~16일 우리를 평양에 초대할 수 있었다. 스위스에서 북한 대표는 1층, 한국 대표는 3층에서 묵으면서 식사, 발표와 토론, 예배를 함께 했다. 강 목사는 30분간 성서를 강해했고, 밤에는 지명해서 노래 부르기를 하면서 마음을 터나가는 화통한 모임을 가졌는데, 그를 두 달 후에 다시 평양에서 만나니 더욱 반가웠다.

그는 제네바에 오기 전 성경을 몇 번 통독하면서 이 만남을 준비했다고 했다. 그만큼 그는 성경에 통달한 듯이 보였고 할머니 무릎에서 성경공부를 자연스레 배울 수 있었다고 했다. 할머니는 아주 엄격해서 집에 들어오면 그의 입에다 코를 대고 "하아"하고 바람을 내라고 요구해 담배 냄새, 술 냄새가 나는지를 검사했다고 한다. 술, 담배도 하지 못하게 하는 아주 엄격한 생활에서 철저히 성경을 가르쳤던 것 같다.

8월 15일 9시 30분, 10시 예배가 시작되기 30분 전에 당회실 같은 곳에 25여 명이 모였는데, 강명철 목사의 기조 입장 말씀, 즉 평화 통일을 하자는 정책적인 입장 발언 다음에 첫 번째로 필자가 발언했다.

필자는 2014년 7월 백악관 안보협의회에서 사일러 보좌관과 협의한 내용을 요약해 발표했다. 즉시 북한과 평화조약을 맺도록 하고, 모든 대북제재를 중단하고, 경제협력을 하고, 적대관계를 청산하고, 선린우호관계를 정립하면 미국 경제가 살아날 것이라는 내용이었다.

실수를 막을 길은 사실상 통계적으로는 없다. 전투가 극심해지면 아군의 머리 위로 폭격 명령을 하는 것은 군사전략의 기본이다. 한반도 어느 곳이라도 최종 승리를 위해서라면 핵폭격을 할 수 있도록 열려 있는 것이 미국의 전쟁방식일 것이다.

최근 미국 정부가 미국 최고 핵사령부 감사를 한 뒤 놀라운 사실이 폭로되었다. 최고 사령관들과 지휘관들이 '암호'를 모르고 있었고, 핵무기 전쟁의 기초화학조차 모르는 경우도 발각되었다. 심지어는 '약'들을 몰래 사용해서 일반적인 '마약류단속법'조차 위반하는 경우들이 발각되었다는 사실이 미국의 메이저 매체를 통해 보도되었다. 이는 미국의 핵 관리가 매우 부패해 있음을 반증하는 것이라고도 할 수 있다.

핵실험의 피해자들

미국의 핵실험은 주로 마셜 아일랜드(marshal Islands) 등에서 이루어졌는데, 이들은 핵실험으로 피해를 당해온 섬 주민들이 수십억 달러의 소송을 걸어도 해결되는 것이 별로 없는 상태로 질질 끌고 나가는 전략을 사용하고 있다.[1]

핵투하 훈련은 미국 땅과 미국 바다에서만 하고, 한국에 와서 하지는 말아야 한국인의 생명과 인권이 유지된다. 1차 피해를 북한이 아닌 한국이 당하게 될 수 있으니 한국인으로서 한국인의 생명권을 주장하는 것이다.

절대로 한반도에서 전쟁을 일으켜서는 안 된다. 무기 장사들, 무기 군산복합의 이윤 추구 음모를 파괴해야 한다. 북한과 선린외교를 하고, 경협을 하면 미국 경제도 살아난다.

---

1) 헤이스의 저서 『핵무기는 가라(US Nuclear Strategy and Peace in Korea)』를 참조하면 좋다. 하워드 진(Howard Zinn)의 『미국 민중 투쟁사(People's History of the U.S.)』 혹은 촘스키의 책들에서 많은 자료가 보고되고 있다.

2014년 7월 백악관에서 평화조약에 대해 협의하면서 찍은 사진이다. 사진 가장 왼쪽이 필자이고, 중앙이 사일러 보좌관이다.

필자는 사일러 보좌관에게 '북한이 미국 물건을 신뢰한다, 미국 물건이 튼튼하고 오래간다고 생각한다'라고 말했다. 필자의 말을 들은 그는 그와 관련된 필자의 논문을 달라고 요구했고, 필자는 오바마 대통령에게 전해달라는 말과 함께 논문 2부를 전해주었다. 이 기회에 미국의 한반도 전략을 180도 바꿔야 한다고도 말했다. 필자는 또한 사일러에게 미국이 1945년 8월 한국인들의 의사를 묻지 않고 강제 분단함으로써 발생한 1000만 명의 이산가족에게 피해 보상과 배상을 해야 하며, 일인당 100만 달러를 줘야 한다고 말했다. 이를 다하면 약 10조 달러가 될 것이다.

1950년 1월 당시 국무장관 애치슨은 북한에 경제제재를 가하고 애치슨라인을 선포했으며, 그 결과 350만 명 이상이 기아로 죽고, 전쟁이 발생했다. 1905년 일본과 미국은 일본이 한반도를 식민지화하고, 필리핀을 미국이 식민지화하는 데 서로 협력하기로 했는데, 한국은 오늘날 아베의 전쟁협법해석선언을 미국 국방장관이 지지하는 발언을 한 것을 수용할 수 없다는 말도 전해주었다. 킹 인권 특사는 2013년 한국기독교교회협의회 대표가 그에게 이 일들을 지적하고 잘못을 인정하라고 했을 때 애치슨이 국무장관으로서 실수를 했다는 발언을 세 번 했다는 것도 이야기했다.

역사는 계속 흐르고 있고, 피해를 당해온 한민족 피해자들의 역사 또한 계속되고 있다. 이제는 그 고리를 절단할 때가 왔고, 그 사명을 우리가 다해야 할 것이다.

필자는 이러한 만남을 통해 꼼꼼히 따져나가지 않으면 우리의 인권과 주권을 절대로 지킬 수 없다는 것을 확인했다.

민족 분단 극복과 화해의 길

평양 봉수교회에서 드린 공동 예배는 눈물과 감사로 마무리되었다. 북한의 많은 목사님이 먼저 하늘나라로 가셨다. 고기준, 리춘구, 백근삼 등 많은 분이 보이지 않았다. 1987년부터 수많은 남북한 국제회의를 해왔는데, 그 많은 노력이 지난 10년간 거의 모두 무너져버린 것은 아닌가 하는 생각이 들었다. 먼저 운명하신 많은 남북한의 훌륭한 목사님들이 바라는 것은 민족 분단을 극복하고 화해해 통일하는 것이지 서로 적대적인 전쟁을 하는 것이 아닐 것이다. 이제는 금강산, 개성에서뿐 아니라 평양, 원산 나진-선봉, 해주에서 서로 사랑하면서 경제발전을 할 때가 되었다. 그것이 돌아가신 분들의 마음을 기쁘게 하는 것이라고 생각한다.

미국은 금강산 관광은 제재 대상이 아니라고 발표했다. 미국 정부가 그렇게 해석해서 풀어주라는 데도 금강산 관광을 못하게 막고 있는 정부는 누구의 정부인가? 어리석은 정치꾼들이 민족의 기회를 가로막지 않기를 기도한다.

미국이 1945년 한반도를 분단했던 것은 가장 큰 인권유린이었기 때문에 커비 전 유엔 북한인권조사위원회 위원장은 미국과 러시아를 기소해야 한다. 필자는 WCC 임원인 피터 프로브(Peter Prove)와 총무 올라브 트베이트(Olav Tveit)에게 인권을 근본적으로 파괴하기 시작한 것은 가쓰라-태프트 밀약을 한 미국과 일본이고, 분단의 주범은 소련과 미국이라는 것을 그가 알아야 한다고 말했다. 유엔 회원국의 2/3가 이런 사실을 올바로 알게 할 사명이 우리에게 있다.

  활기에 찬 북한의 발전이 모든 사람에게 행복을 가져다주고 희년의 기쁨을 주기를 기도한다. 소작인들은 땅을 차지하고, 노예들은 해방되는 한반도의 희년을 추구했던 강량욱 목사의 신학을 다시 깊이 성찰하는 것이 민족 전체를 통일로 이끌 것이다.

17
/
노정선의 신학과 삶

한반도의 고난은 1592년 도요토미의 침략으로 중국과 일본이 한반도 분단을 기도한 데서 시작되었다. 이후 1894년 동학농민운동이 일본의 대량 학살로 패배하고, 일본군과 결탁한 한반도 세력이 한반도를 식민지화하면서 한반도는 일본의 잔혹한 침탈하에 놓이게 되었다. 1905년 미국과 일본의 밀약과 일본과 영국의 밀약 또한 현재까지의 분단 체제 강화에 영향을 주고 있다. 1945년 분단이 되고, 일제강점기하 군인, 경찰, 공무원으로 일하던 한국인들이 미 군정에 의해 다시 권력을 잡은 것이 분단 체제를 강화시켰다.

이러한 한반도의 역사를 볼 때 한국의 신학은 분단 신학을 극복하고, 분단으로 일본과 신식민지 강대국들의 이익을 대변하는 신앙과 신학적 노예 상태에서 벗어나야 한다.

이민 신학

1972년 당시 필자는 하버드 대학교 신학대학원 목회학 석사 과정 2학년에 재학 중이었다. 필자는 미국 장로교(Presbyterian Church USA: PCUSA) 보스턴 노회에 거의 매달 참석하면서 미국 장로교의 민주적인 의사 결정 방식을 배우고 있었고, 목사 고시를 준비하고 있었다. 당시 한국 교포의 수는 100명도 채 되지 않았다. 한인 교회가 하나 있었는데, 교인 출석수가 20명도 되지 않았다.

필자는 1972년 노회에 한국인 이민 증가에 따라 교회가 기하급수적으로 증가할 것이므로 한국인 이민자에 대한 미래 계획을 만들기 위한 연구를 하겠다는 계획서를 제출했다. 노회는 한국이민특별위원회(Ad Hoc Committee for Korean Immigrants in New England)를 구성해 약 1200달러의 연구비를 지원해주었다. 그 결과를 정리한 책은 현재 하버드 대학교 신학대학원 도서관과 예일 대학교 신학대학원 귀중본실(archive)에 비치되어 있다.[1] 그 연구는 한인들에 대한 질문을 질문지 형태로 조사한 통계를 축으로 했고, 미국인 교회가 한인들을 받아서 이중 언어로 이중의 예배를 구성하고, 인종차별을 극복하는 방식을 모델교회로 만드는 제안을 도출했다. 한국 이주민들에게 적극적인 삶과 신앙의 보금자리를 물적·신앙적·사회적·경제적으로 마련해주는 모델이었다. 당시의 장로교 총회 본부는 필립 박 목사가 중심이 되어 이 목회 모델 제안을 그대로 실시하기로 했다. 결국 1977년 로드 아일랜드(Rhode Island) 주 프로비던스(Providence)에서 프로비던스 제일 장로교회가 최초의 연구대상이 되었고, 필자가 두 번째로 하버드 대학교에

---

1) Noh, Jong-Sun, *Survey for the Korean Imigrants in New England*(The Presbytery of Boston, Ad Hoc Committee on the Ministry Planning for Korean Immigrants, 1972).

서 공부하던 때(1977~1978) 부목사로 부임했다. 담임목사는 실버트(Silvert) 목사로 프린스턴 신학 출신이었다. 이 목회는 완전히 성공했다. 1972년에 필자가 예측한 것은 정확했다. 현재 미국 한인교회의 수는 수천 개에 달하며 모범적으로 미국 사회 전체에 크게 기여하고 있다.

학문 활동

「놀이의 의식 구조와 인간 해방」(1974)

1974년 10월 연세대학교 학생 채플에서 설교한 글이다. 놀이의 규칙은 일상생활의 규칙과 다르게 바뀐다. 피압박자들이 놀이의 개념으로 일상성을 탈출하고 초월할 수 있다는 놀이의 신학, 탈춤의 신학 등을 발전시켰다. 놀이의 구조는 변화이고 혁명이다. 놀이의 신학(Theology of Play)[2]을 고정적인 억압 구조에 혁명을 하는 신학으로 발전시켜야 한다. 이 설교에서 필자는 뉴 네오 프로이트(New Neo-Freudian) 심리학에서의 혁명 분석을 활용해 신학을 혁명하는 이론을 전개했다.

이 설교를 마치고 교수식당에서 유동식 교수와 마주 앉아 고기가 하나도 없는 쌀뜨물로 끓인 곰국을 먹고 있는데, 시경 형사 K와 서대문서 형사 Y 등이 필자를 지켜보며 서 있었다. 유 교수님의 얼굴빛이 보라색이 되었고, 주위를 에워싼 형사들은 침묵을 하고 있었다. 중앙정보부에서 전화가 왔다. "여기가 미국인 줄 알아? 당장 갈 테니까 그 자리에 꼼짝 말고 있어!" 벼락 치는 소리가 났다. 이 설교로 필자는 남산 중앙정보부 2국, 5국, 6국에

---

2) 독일 튀빙겐(Tübingen) 대학 몰트만 교수와 미국 하버드 대학교의 콕스가 '놀이의 신학'을 혁명과 연결하는 혁명 신학을 발전시켰으나 혁명으로까지 이어지지는 못했다.

서 조사를 받았다. 당시 긴급조치로 김찬국 교수와 김동길 교수가 구금되어 있었는데, 설교에서 이 사실을 언급한 것이 문제가 되었고, "혁명의 기폭제가 되려고 했는가"라는 조사원의 질문을 받았다. 당시에 '논다(Play)'라는 것은 위험한 것이다. 기성 권력자들은 민중이 노는 것을 체제 전복으로 인식했다.

1973년 ≪뉴욕타임스≫에 서울대학교 법과대학 최종길 교수가 중앙정보부에서 조사를 받다 사망했다는 기사가 실렸다. 1974년 5월 하버드 대학교 졸업식장에서 프레스턴 윌리엄스(Preston Williams) 교수는 나에게 졸업장을 주면서 "한국에 가지 마라. 그들은 너를 죽일 것이다"라고 말했다. 최종길이 2년간 하버드 대학교에서 연구하고 귀국한 후 중앙정보부에서 죽은 것을 아주 정확히 알고 있었기 때문이었다. 당시 케네디(Kennedy) 의원은 하버드 대학교 윌리엄스 교수 등과 '인권 유린'을 감시하면서 수많은 사람들이 죽어가고 있는 것을 알고 있었고 한국 정부를 압박하던 상황이었다. 필자는 1972년 즉시 귀국해달라는 연세대학교의 요청을 받고 귀국을 약속했다. 그 약속을 깰 수는 없었다.

그 후 오랜 기간이 지나서 다시 이 설교를 읽어보았다. 중앙정보부에서 충분히 필자를 데려갈 수 있는 내용이었다는 것을 새삼 알게 되었고, 그 후 모든 설교 전 스스로를 검열하게 되었다. 살아남아야 한다는 생각을 했다. 앨린스키의 전략을 실천하는 것뿐이었다. 앨린스키는 "30일 이상 구속되지 마라. 오래 구속되어 있으면 민중은 네가 왜 구속되었는지를 잊어버릴 것이며, 너의 노력이 결실을 맺을 수 없게 된다"라고 했다. 이를 조사받는 과정에서 항상 기억했다. 민주화와 반독재 투쟁을 하던 수많은 사람들을 잊을 수는 없었다.

『사회윤리와 기독교』(1977)

본래 이 책의 제목은 『인간해방과 사회윤리 정책』이었다. 해방이라는 글자가 들어가면 금서가 되는 시대였기에 출판사의 요구로 제목을 수정할 수밖에 없었다. 당시 몇몇 교수들은 연세대학교 출판부에서 출간하는 책 제목에는 해방이라는 단어가 들어갈 수 없다고 했다. 당시 한신 대학의 안병무 교수는 『해방자 예수』라는 제목의 책을 출판했으나 이 책은 곧 폐기되고 말았다. 당시 정부가 한 일이었다. 1976년 안병무는 명동성당에서 김대중, 이우정, 문익환 등과 '3·1 구국선언'을 발표하고 1년간 투옥되었다. 그는 한국기독자교수협의회 회원이었다. 그 후 고려대학교의 고 이문영 교수 등 여러 명의 회원들이 투옥되었고, 서남동 교수는 1976년 연세대학교에서 해직되었다.

원래의 제목은 학문적이지도 않다고 했다. 그래서 제안한 것이 『기독교와 사회윤리』라는 학술적인 냄새가 나는 제목이었다. 필자는 이 책의 연구 방법으로 귀납법을 사용했다. 기독교가 연구의 시발점이 아니라 사회윤리가 어떻게 되어 있는가를 먼저 연구하고 이를 귀납해 기독교가 나오는 것이 순서라고 생각해 제목의 순서를 반대로 했다. 『사회윤리와 기독교』라는 제목은 이렇게 결정된 것이다. 필자는 아직도 군사 독재, 식민지 학문 개념을 떠나 『인간 해방과 사회윤리』라는 제목이 더 적절하다고 생각하고 이 제목을 선호한다.

도통한 스님 숭산과의 만남(1977)

숭산(崇山) 큰스님에게서 용맹정진(勇猛精進) 참선을 배우고, 참여 관찰자로서 불교 신자들의 윤리를 연구했다. 프로비던스에 있는 그의 사찰을 연구하면서 숭산을 알게 되었고, 하루에 1시간 정도 불교에 대한 개인 지도를 받았고 하루 종일 참선을 배웠다. 그의 제자들은 세계적으로 활동하면서 사찰을 세워 불교의 세계화에 깊이 참여하고 있다.

숭산은 불교의 가치와 방법을 유교적인 일상 윤리와 접목시킨 분이었다. 순발력 있게 고정관념을 파괴하고, 창조적인 발상을 하게 하는 방법, 즉 내가 아무것도 모른다는 사실을 깨닫는 방법(Don't Know Mind)을 가르치신 분이다. 그의 제자 중 한국에서 유명한 현각은 1990년대부터 그의 제자가 되어 지금도 활발히 활동하고 있다. 숭산은 『담뱃재를 부처 머리 위에 떨어버리기(Dropping Ashes on the Buddha)』라는 책을 미국에서 출판했다. 제자들이 그의 강의를 책으로 만든 것이었다. 그는 '학교에 가라'는 말을 'school go'라는 식의 한국어 문법으로 영어 단어를 배열하는, 그야말로 완벽한 콩글리시를 구사했는데 미국인 제자들이 그것을 다시 완전한 영어로 바꿔 이해했다. 스님은 이런 콩글리시로도 미국인들을 감동시키고, 미국의 호전적이고 오만한 심성을 바꿔내는 일에 성공했다. 'Don't Know Mind'의 그의 철학은 미국인들처럼 세계의 모든 것을 안다는 자부심으로 오만하게 이래라 저래라 하면서 가르치려는 습성을 가진 사람들에게는 신선하고 혁명적인 충격이었다. 당시에는 신학자 가브리엘 바하니언(Gabriel Vahanian)이 '신은 죽었다'라는 '신 죽음의 신학(God Death Theology)'을 발표해 세계를 놀라게 했다. 필라델피아에서 열린 세계신학대회에서 숭산은 불교에는 '너의 신을 죽이라. 그래야 참 신을 만날 수 있다'라는 수천 년 동안의 가르침이 있다고 말해 더 큰 충격을 주었다. 수천 년 전 불교가 이미 가르친 내용을 미국 신학자들은 1970년대에 와서야 알아차렸다는 것을 비꼰 말이었다. 가톨릭 신부들은 그의 사찰에 와 참선을 배우고 가기도 했다. 2000년 천주교 신학의 진리를 숭산은 '한방'에 깨닫게 한 것이다.

기독교인들이 불완전한 신 개념을 가지고 마치 신을 자기 소유로 주머니 속에 넣고 있는 듯이 오만하게 독선을 부린 것을 하늘에 계신 하나님이 보고 계신다면 아마 웃으실 것이다. 신은 개인이 주머니에 넣을 수 있는 것도 아니고 개인이 이용할 수 있는 도구도 아니다. 개인의 욕망을 신학으로 위장해 발전시키고 있는 수많은 신학자, 평신도들이 스스로 반성해야 올바른 신과 만날 수 있을 것이다.

신을 상품으로 만들어 거부가 되고 수억 원짜리 외제차를 타고 다니는 목사들이 있다. 사회가 교회를 걱정하고 있다는 것을 모르고 신성한 강단을 더럽히는 목사들은 숭산 스님을 만나야 한다.

『민중 신학(Minjung Theology)』(1982~1983)

이 책은 민중 신학의 속기록을 편집한 것으로 정식 출판된 책이 아니라 연구 자료, 원 자료로 편집되었다. 예일 대학교의 선교학 교수인 찰스 포먼(Charles Forman)이 서문을 썼다. 이 책은 예일 대학교 신학대학원 귀중본실에 보존 중이다. 속기록을 책으로 만들었기 때문에 필자의 낙서, 오타, 약자가 가득하다. 당시 서남동 교수 등이 독재 상황하에서 체포되지 않기 위해 몰래 숨어서 어렵게 작업한 노력을 엿볼 수 있는 자료이다. 지구상에서 완전히 실종될 수 있었던 자료를 예일 대학교 귀중본실에서 보관하고 있다는 것에 감사하다.

『제일세계 신학과 제삼세계 비판(First World Theology and Third World Critique)』(1983)

이 책은 니부어의 신학을 비판한 것이다. 니부어의 신학적 윤리는 한반도를 분단하는 강대국의 제국 지배 윤리를 갈파하고 해체시키지 못했다. 영국 앵글로-색슨 제국주의적 현실주의를 덜 악한 제국주의로 선택한 니부어의 신학은 한반도에 조성된 분단 신학을 해체하는 역할을 하지 못했기 때문에 분단 신학으로 규정할 수 있다.

이 책에서는 폭력과 비폭력의 관계를 새롭게 정리했다. 정의를 위한 민중의 투쟁에서 나타난 동학농민운동을 분석해 서구의 폭력-비폭력의 틀을 해체한 신학을 제안한다. 서양 신학이 폭력-비폭력을 이분법적으로 해석하는 데 반해, 동학은 통합적이고 살아 있는 유기적인 힘의 흐름으로 해석하고, 한반도 식민지 지배, 학살, 착취를 지지했던 서구 신학과 선교사들을 비판하며, 가쓰라-태프트밀약의 지배 구조를 벗어나는 차원에서의 힘의 관계 설정을 제시한다. 아서 브라운(Arthur Brown) 미국 장로교 선교총무가 '조선인은 세계 일등의 거짓말쟁이이다. 조선은 가장 부도덕하다. 조선은 정치능력이 없고, 국방력이 없고, 미신을 믿는다. 문화는 열등하다. 따라서 일본이 조선을 점령해야 한다'라고 주장하는 설교 편지를 찾아내 이 책에서 고발했다. 릴리어스 언더우드(Lilias Underwood) 의사 선교사는 동학농민혁명군을 정의의 투사가 아니라 도둑의 떼라고 말하는 선교 보고서를 작성해서 『한국의 언더우드(Underwood of Korea)』3)라는 책을 출판했다.

『라인홀드 니부어와 해리 워드(Harry F. Ward) 비교 분석』(1987)

이 책에서 필자는 워드의 거시적인 경제 혁명 신학을 통해 니부어의 신학이 개량주의적인 미국식 기독교 신학이라는 점을 밝혔다. 그리고 약소민의 민족자결주의를 전적으로 지지하지 못하는 니부어의 잘못을 지적했다.

『이야기신학』(1987)

이야기로 신학을 하면 고정관념을 해체하고 숨겨진 음모를 폭로할 수 있다. 필자의 할아버지는 평안북도 가봉리에 가봉장로교회를 세웠다. 필자의 부모님(노재현 장로, 정재숙 권사)은 신의주에 영락교회를 세우셨고, 그 첫 예배에 가족이 참석했다. 필자는 1964년 한·일회담 때 단식 투쟁을 했

---

3) 연세대학교출판부에서 재판함.

고, 경찰봉에 맞아 세브란스병원에서 엑스레이를 찍었다. 빈민촌선교, 앨린스키의 도시선교를 강의하고 조직했다. 1970년에는 북아메리카 주로 건너가서 외국인 노동자로 캐나다와 미국에서 바닥 생활을 했고, 하버드 대학교에 들어가 목사가 되어 연세대학교 교목으로 나왔다. 이후 중앙정보부에서 조사를 받고 다시 미국에 가서 박사학위를 받았다. 또한 흑인 한인협회를 만들고, 이민교회담임을 하면서 예일 대학교에서 작은 강사 노릇도 하고, 다시 북한교회대표들과 동경과 미국에서 협의회를 하면서 통일을 위해 일해보려고 노력했다. 이 책에서는 이런 이야기 속에서 서구의 분단 신학을 분해하고, 통일지향적인 민족 신학, 인민 신학의 틀을 잡아나가는 노력을 적어보았다.

『통일신학을 향하여: 제3세계 기독교윤리』(1988)

한국기독교교회협의회 선언문의 초안자 9명 중 한 명으로 참여하면서 저술한 책이다. 신학을 분단 지지 신학과 통일 지향적 신학으로 구분해 통일 지향 신학에 대해 저술했다. 대부분의 서구 신학과 정치, 군사 권력자들이 한반도 분단을 강화시키고 있다. 한반도 분단의 정당성을 계속 지지함으로써 현재 한반도 분단 체제를 공고히 하고, 남북한을 적대관계로 만들면서 오히려 일본과 공조를 이루는 것을 모델로 삼는 현상과 반민족적인 행동을 하는 친일 세력이 자신들의 정당성을 주장하는 모순을 폭로했다.

"The Effect of Unecological Theology in Korea"(1989)[4]

생태 신학, 생명 신학의 시각에서 한반도에 들어온 서구의 잘못된 신학

---

4) John Cobb. et al.(ed.), *Liberating Life: Toward Ecological Theology*(New York, Orbis Press, 1989)에 이 글이 실려 있다(구글에서 전문을 검색할 수 있다).

을 폭로한 논문이다. 한반도를 일본의 침략하에 지배당하도록 지지한 서구 신학들, 한반도를 분단시킨 서구 신학들, 분단을 영구하게 지속시키도록 한 신학들을 고발하고, 한반도를 멸종, 멸망시키는 신학들을 지적했다. 이 글은 김민기의 「작은 연못」으로 시작해 박종철을 살해한 후 그 재를 임진 강에 뿌렸는데 은빛 붕어가 되어 분단을 넘어 헤엄치면서 영원히 남북한의 임진강에서 살게 되었다는 이야기로 끝이 난다. 이 글은 '은빛 붕어의 신학' 으로도 번역되었다.

1989년 WCC 교회와 사회 분과 주최로 프랑스의 한 수녀원에서 존 코브 (John Cobb), 샐리 맥페그(Sallie McFague), 세티루아네(Setiluane) 등과 14일간 저술해 오르비스(Orbis) 출판사에서 출판하고 WCC에 보고했다. 코브는 필 자의 논문에 대해 '제국주의 비판을 하지 말라. 제국주의라는 개념은 낡은 개념이다'라고 심각하게 충고했다. 제국주의 신학 비판을 삭제하면 출판해 주겠다고 필자를 세 번이나 설득했으나 필자는 "나는 제국 신학, 제국 세력 들이 한반도를 분단, 분열시키고, 일본과 미국이 밀약해 한반도를 정복한 사실을 무시하고서는 신학을 할 수 없다"라고 반론을 제기했다.[5]

2015년 세계의 문제는 제국 신학의 횡포가 곧 현대의 원죄라는 것이다. 코브의 견해는 옳지 않다. 그는 필자에게 불만스러운 표정을 지었다. 그러 나 오늘날 전 세계에서 일어나는 수많은 전쟁과 테러의 뿌리에는 미국 제 국의 잘못된 우상과 탐욕이 자리 잡고 있고, 이러한 사실들을 미국인들이 알게 하는 것이 바로 우리의 사명이다.

---

5) 요한 갈퉁(Johan Galtung)은 세계적으로 '평화학'으로 알려졌고, 2015년 여름 새날회 망연대가 초청해서 국가인권위원회에서 강연회를 했다. 그는 독도를 일본이 40%, 남 한이 20%, 북한이 20%, 환경생태주의자들이 20% 다루면 된다고 해서 비난받았다. 코브와 비슷한 사람을 또 하나 발견한 것이다.

『제삼의 전쟁』(1997)

이 책에서 필자는 세계에서 진행된 전쟁은 강대국, 강대한 민족들이 약소국과 약소한 원주민을 학살하고 정복한 전쟁이라고 규정하고, 이는 제1, 2차 세계대전과는 차원이 다른 전쟁이라고 규정한다. 한반도 주변의 4대 강국과의 갈등을 축으로 한반도 분단의 역사적 요인을 밝히고 통일의 대안을 도출한 책이다. 한반도의 평화와 통일, 분단 세력, 북한의 대안, 한국의 경제협력과 단결로 전쟁을 막고, 경제적으로 공영, 공생하는 방안을 한국어로 저술한 것이다. 전 세계 역사 속에는 원주민들을 학살하는 전쟁이 오늘까지 진행되고 있다. 강대국들과 약소민, 원주민들과의 전쟁을 '제삼의 전쟁'으로 규명한 것이며, 제3차 세계대전을 뜻하는 것이 아니다.

Liberating God for Minjung(1998)

영문으로 저술된 책으로, 민중을 위해서 신을 해방해야 한다고 말한다. 어리석은 강자들은 자기 이익을 위해 신을 가두고 악용할 수 있다고 착각하고, 신이 없는 듯이 무시하면서 범죄를 계속 저지르고 있다. 전 세계의 민중이 투쟁해 억압과 착취와 학살로부터 약자와 민중을 해방시키고 악한 권력을 물리치는 전략을 구축해야 한다.

카투투라의 신학

필자는 1991년 나미비아 독립 기념 국제 세미나에서 논문을 발표하고 주택이 철거되어 고향을 잃어버리고 사막에서 사는 빈민들의 지역인 카투투라를 방문했다. 이를 계기로 카투투라의 신학을 저술했는데, 이것이 나미비아에서의 민중 신학이다.

The Third War: Christian Social Ethics(2000)

인민 신학에 대해 영문으로 저술한 책으로, 한국어로 출판했던 『제삼의 전쟁』과는 다른 책이다.

1945년 전후 소작인들과 농노들을 위한 토지개혁을 주도한 강량욱의 신학, 강반석의 신학, 고기준의 신학 등을 인민 신학으로 규정했다.

그 후 2003년에 출판한 『피압박자의 이야기 하나님(Story God of The Oppressed)』에서 이 내용을 확장했고, 2008년 『동북아 평화를 위한 패러다임의 전환』에서 더 확장했다.

인민 신학 이론은 이 책에서 필자가 최초로 제시한 이론이다. 이 신학은 북한 기독교 신학의 기초를 규명하는 신학으로서 의미가 있고, 한국의 민중 신학은 반공적인 신학이라는 점을 부각시키고 있다.

인민 신학과 민중 신학은 대화와 토론을 통해 통일 지향적인 신학의 토대를 강화시키는 자원이 될 것이다. 강량욱 등의 인민 신학은 1945년을 전후로 심도 깊게 형성된 신학이다. 따라서 1970년대 이후 정치 이념으로 구성된 주체사상과는 차별된다. 북한 교회는 1950년 전쟁 이후 없어졌고, 그 이후 1960년대 들어 세속적인 정치 이론으로서 주체사상이 나오게 되었다. 신의 개념과 직접 관련이 없는 주체사상은 세속적·인간론적 이론이고, 신 중심의 신학(theo-centric theology)이 아니다. 신학으로 분류될 수 없고 발생의 목적과 콘텍스트(context)가 다르다. 따라서 신 중심의 인민 신학은 무신론적인 주체사상과는 역사적·신학적으로 다른 것으로 구분해야 한다. 강량욱의 인민 신학적 관점에서 본다면 세속적 정치 이론으로서의 북한 사상은 비판받을 여지가 있다. 주체사상은 신 중심의 사상으로 발전된 것이 아니다. 따라서 이 두 가지를 동일시하는 것은 옳지 않다.

Story God of The Oppressed(2003)

이 책에는 한반도의 평화와 통일을 추구하기 위해서는 약자를 해방시키는 인도의 달리트 신학, 한국의 민중 신학, 북한의 인민 신학, 아메리카 대륙 토착 원주민들의 신학과 연대해야 한다는 내용이 담겨 있다. 또한 미국에서 이민 신학으로 인권, 민주화, 통일을 위해 노력한 유태영 목사 등의 신학자와 목회자의 업적을 평가하는 논문이 실려 있다.

『동북아 평화를 위한 패러다임의 전환』(2008)

한반도 평화를 위한 전략적인 패러다임을 추구하는 책으로 2008년까지의 정세 분석과 대안을 말하고 있고, 동시에 부분적으로 인민 신학을 논하고 있다.

학설 제창

통일 신학

통일 신학 이론은 전쟁 범죄를 저지른 독일이 분단되었듯이 일본도 분단되어야 했다고 주장한다. 또한 이 이론으로 1592년 이래 강대국들이 한반도를 분단하려고 한 잘못을 폭로했다. 인민 신학을 북한 교회의 신학적인 발전과 성장 속에서 나온 결과로 해석하는 이론은 학계에서 처음이 아닌가 생각한다.

여호수아 착각 증후군 이론

구약성서의 여호수아서가 1800년대 미국 원주민 학살과의 연계로 작곡된 찬송가 등에 반복 사용되면서 대량 살상 전쟁을 통한 착취, 정복, 억압,

침략에 악용되는 일부의 잘못된 현상을 분석한 신학이다. 이 이론 역시 최초로 제시된 학설이라고 생각한다.

예방 경제 이론

전쟁을 경제적·국제적으로 방지하자는 전략적 평화 신학이다. 예방 경제 학설은 국제정치학자들에게 큰 자극을 주는 새로운 학설로 제시되었다. 경제 불평등이 전쟁의 주요 요인이다. 외채를 탕감해주고, 소작인들에게 토지개혁을 통해 생존권 경제 구조를 만들어주고, 경제 빈곤에 의한 노예를 해방하는 혁명이 이루어지면 전쟁을 비군사적으로 조정해서 평화를 이룰 수 있다. 이것이 예방 경제 이론이고, 이 역시 필자가 처음 제시한 학설이라고 할 수 있다.

희년의 정치 경제학 이론

레위기 25장의 노예해방, 빚 탕감, 토지 돌려주기, 재분배, 농지를 쉬게 하고 생태·생명을 보전하라는 신의 명령을 현대 경제, 정치, 군사적인 억압 구조에 적용한 이론이다. 이를 희년의 정치 경제학이라고 한다. 현대 억압, 착취, 구조적 폭력에 대한 대안으로 제안된 경제 정의, 정치 정의의 이론이다.

김성은 대화의 신학

노정선 신학 발전의 절반은 김성은[6]과의 도전적인 대화로 구성된 것이

---

6) 김성은은 미국 코네티컷 대학교(University of Connecticut)에서 박사학위를 받아 평화교육에 관한 저술을 했고, 서울 신학대학교 교수로 은퇴했다. 필자와 1971년 결혼해 서로 끊임없이 학문적 대화와 토론을 하면서 40여 년을 살아왔다. 그녀는 단순히 평신도로 남지 않고 이야기 신학자가 되었다. 필자는 그녀를 대화의 신학자라고 생각한다.

다. 그의 심층적이고 거시적인 사회 경제 분석 방법이 서구 신학과 한국 신학의 국소적이고 근시안적인 면을 혁파했다. 그와의 39년 대화가 노정선 신학의 골격을 이루었다. 김성은의 한문 이름인 '恩成'의 뜻을 따와 은혜(Grace)의 대화 신학이라고 명명했다.

방법론

노아 방법론(Noah Method)은 필자의 고유한 연구방법론이다.

① 연구조사 귀납법, 심리적인 접근법, 사회적·심리적·이데올로기적·경제적·정치적·교육적·생태환경적·신학적 등의 14가지 범주로 평가하는 법을 평가기준으로 해 연구대상을 평가하며, 기존 이론을 해체, 확장하고 새로운 이론을 제시한다.

② 국제집단과 개인을 9개 구성으로 분류하고, 저강도 갈등, 중강도 갈등, 고강도 갈등을 분석한다.

③ 인간의 내면(Intra personal level), 인간 개인 차원(personal level), 인간 관계 차원(interpersonal level), 가족 차원(familial), 종족 차원(tribal), 국가단위 차원(national), 국제관계 차원(international), 식민지 이후 시대 탈식민지·신식민지 차원(post-colonial, de-colonial, new colonial level), 우주적 차원(cosmic) 등 9개로 구분해 이를 연구의 기초 범주로 삼고, 정치경제적 분석을 한다.

④ 로렌스 콜벅(Lawrence Kohlberg)의 윤리성장단계 이론의 미흡점을 보완, 발전시키기 위해 식민지시대 이후의 탈식민지, 신식민지 차원의 윤리역학을 분석하는 6단계 이론을 발전시켰다.

실천 방법

필자는 이론 실천 방법 중 하나로 지난 16년간 영국 BBC 월드 서비스

(BBC World Service)와 라디오 프랑스 인터내셔널(Radio France International)에서 분석 해설 봉사자로 활동하면서 한반도와 세계의 평화 정착을 위해 노력했다. 이는 세계의 청중을 대상으로 필자의 평화전략을 전달할 수 있는 소통의 기회가 되었고, 언제든지 1분 내로 생방송을 할 수 있도록 준비했다.

필자가 하버드 대학교에서 앨린스키의 조직 방법론으로 석사 논문을 작성한 후 크리스천 아카데미의 중간 집단 교육 등에서 강의와 저술 활동을 한 결과 현재 국내 몇몇 기관에서 앨린스키의 조직방법론을 한국 문화에 토착화시킨 이론을 교육방법으로 사용하고 있고, 이를 한반도에 토착화할 방법을 개발 중에 있다. 앨린스키의 방법은 제한적인 가치를 가지고 있는 미국식 방법일 뿐이지만 약자들에게 힘을 주는 데 기여할 수 있다.

목회 방법: 변혁의 전략

목회가 최선의 전략이다

필자는 1974년 미국 장로교에서 목사 안수를 받고, 현재는 대한예수교장로회(통합)의 목사(영등포노회)로 목회 방법을 발전시키면서 목회 윤리, 윤리 상담, 윤리 설교, 상담 윤리, 설교 윤리를 실천의 방도로 사용하고 있다. 지구촌의 잘못된 불의를 해체하고 정의와 평화를 건설하는 혁명적인 도구는 목회라고 생각한다.

한국기독교교회협의회 통일위원(1987~2015), 열린평화포럼, 민중신학회, 기독교윤리학회, 사회윤리학회, 제삼세계신학협의회(Ecumenical Association of Third World Theologians) 한국 회장, 전국 YMCA 통일위원장, 반핵평화운동연합, 한국-흑인협회, 한국기독자교수협의회, 아시아기독자교수협의회, 지식인포럼, WCC의 생명 신학 저술 세미나, 반핵, 군사주의 세미나,

아시아신학자협회 등의 NGO를 통해 평화 운동에 참여하면서 북한과의 평화 구축을 위해 노력하고 있다.

"Imagine One Korea"[7]

이 글은 2013~2015년에 영어로 쓴 것으로 미국의 한 잡지에 실려 출판되었다. 미국 국무성의 인권 특사 킹에게 이 글을 전해주었고, 2014년에는 백악관 보좌관 사일러를 통해 오바마 대통령에게도 전해달라고 했다. 이 글은 북한의 리정로 조그런 부위원장에게 미국과 북한이 대화를 하고 오바마를 평양에 초청하라는 메시지를 확실하게 전하면서 토론한 것을 바탕으로 한다.

---

7) Noh, Jong Sun, "Reuniting Korea with Peace Treaty, and Lifting all Sanctions Against N.korea," *Journal of Education & Social Policy*, Vol.2, No.1(March 2015). 이 글은 http://club.cyworld.com/Nohjong에서 'Imagine One Korea'로도 검색할 수 있다.

부록

수영장 이론*
원자력발전소 사고를 방지할 수 있는 대안

원자력발전소 냉각탑에 냉각수 공급은 전기로 한다. 전기가 차단되면 노심(reactor core)[1]이 녹아내리는(melt down) 초대형 사고가 난다.

후쿠시마 원자력발전소는 전기가 차단되어 냉각수 공급이 불가능해지고, 결국 플루토늄과 우라늄이 녹아내리면서 온도가 수천 도까지 급상승해철제 시설물이 녹아내려 초대형 사고가 발생한 것이다. 이 사고는 2015년에도 문제의 핵심에 접근조차 하지 못했다. 생태계 피해가 극심하고 심각

---

* 필자는 한국 특허청에 수영장 이론 특허 출원 신청을 했고 계속해서 수정, 연구하고있다(출원인 코드 4-2012-028130-2, 노정선). 이 출원은 현재는 기각된 상태이다. 그러나 필자는 적절한 시기에 계속 연구를 발전시킬 것이며, 이 이론이 유용하게 활용될 것이라고 확신하며, 그 고유한 개발의 관권이 필자에게 있음을 주장한다. 이 이론은 필자의 정식 허가를 받고 사용해야 하며, 자연낙차 물 사용 부분은 원자력발전소사고 방지 대안으로 특허 출연이 가능하다.

1) 원자로의 심장에 해당하는 부분을 노심이라고 하며, 3% 수준으로 농축되어서 작은봉(Pillet)에 넣어 거리를 접근시키면 핵반응이 일어난다.

한 피해를 입은 주민들의 이사를 추진하는 것이 급선무이다. 이를 교훈 삼아 월성 원자력발전소를 연구하고 대안을 세워야 한다. 모든 전기가 차단되고, 냉각 펌프가 고장 나고, 지진이 나고, 쓰나미가 오고, 격납고가 깨질 경우 어떻게 처리할 것인가? 앞으로 2만~20만 년간 피해를 줄일 수 있는 방법은 무엇인가? 폐쇄를 하려고 해도 면밀한 절차와 기술이 필요하다. 여기서 그 대안을 제시하고자 한다.

전기에 의존하는 방식을 바꾸면 된다

후지산에 200km± 길이의 수도관을 설치하고, 산과 강의 물을 자연스럽게 흐르게 해서 이를 원자력발전소 냉각탑에 공급하면 된다. 전기를 사용하지 않고도 물이 공급되도록 물길을 설계해 물의 무게를 이용해 자연낙하하도록 하면 문제가 해결된다. 태백산맥과 낙동강 지류부터 물을 수도관으로 공급해 자연낙차 방식으로 원자력발전소 냉각탑에 물이 떨어지도록 설계하는 것이다.

경주 덕동호의 물을 이용해 경주에 있는 원자력발전소를 침수시키고, 원자력발전소의 핵 용융이 일어나는 속도를 저하시키면서 방사능 오염된 냉각수들이 바다로 흘러들어가는 것을 극도로 축소시키는 방법이다. 이렇게 하면 전기 없이도 냉각탑에 물을 공급할 수 있다. 지금까지는 전기를 사용해 모터로 물을 공급해왔고 후쿠시마 원자력발전소 사고와 같이 전기가 차단될 경우 대형 사고가 났다. 자연수를 100km 등 먼 곳에서 자연낙차로 공급하면 전기 차단의 문제를 걱정할 필요가 없다. 시설 공사비가 드는 것은 감수해야 하는 부분이다.

이 이론에 따른 작업을 총 3단계로 나눠 정리하면 다음과 같다.

1단계는 자연낙하수를 냉각수 공급 파이프로 공급하는 것이다. 원자력발전소에 공급하는 냉각수 공급장치가 고장 나거나 정전될 경우와 2, 3차 발전기까지 모두 고장이 날 경우에는 후쿠시마에서와 같은 거대한 폭발 사고가 발생한다. 그래서 초기에 자유낙하수를 공급하는 것이다. 정전이 되도 상관없다. 후쿠시마의 경우는 이와나시로(猪苗代) 호수, 경주의 경우는 덕동호를 이용할 수 있다.

2단계는 원자력발전소 돔 전체를 자연낙하수로 채우는 것이다.

3단계는 후쿠시마에서처럼 최악의 사고가 발생할 경우 가로 200m, 세로 400m, 높이 80m의 거대한 수영장 같은 물통(이하 이를 '수영장'이라 칭한다.)을 미리 만들어 그 속에 모든 시설이 들어가도록 하는 것이다.

현재의 설계에 수영장 바닥이 원자력발전소 전체를 담을 수 있도록 추가 설계하고, 150km 정도 내에 있는 강물, 시냇물을 수도관으로 끌어들인다. 해발 2000m 정도를 포함해 해발 100m 등에서 낙차를 이용해 원자력발전소에 붓는다. 원자력발전소는 대체로 해발 10m± 수준에서 공사되어 있기 때문에 높은 낙차에서 떨어뜨리듯이 물을 공급하면 따로 전기 펌프가 필요 없다.

후쿠시마에서 방출된 세슘의 양은 핵폭탄 약 168개 분량이라고 발표되었지만, 사실은 그보다 더 큰 사고였던 것으로 추정된다. 더 이상 이런 사고가 발생하지 않도록 이러한 이론을 포함한 다양한 대안을 연구해야 할 것이다.

수영장 이론을 새로운 원자력발전소 설계에 추가하자

원자력발전소를 2040년까지 전면적으로 폐쇄한다고 하더라도 폐쇄하기까지는 이 시설이 필요하고, 그 이후 역시 이 시설이 필요하다. 원자력발전소 폐쇄 이후에도 100만 년 정도 지속적으로 원자력발전소에서 나오는 강력한 방사선 등의 피해를 막을 수 없기 때문이다.

일본은 2050년까지 원자력발전소를 폐기하는 것을 논의하는 듯하다. 그러나 최근 다시 일본에서 원자력발전소를 가동하는 방안이 나와 상당한 시행착오가 예상된다. 한국은 지금 새로운 원자력발전소 공사를 하고 있다. 그 설계에 앞에서 설명한 냉각수 설계가 포함되기를 바란다.

핵무기도 마찬가지로 근본적인 처리 시설이 필요하다. 핵무기를 폐기하려고 할 경우에도 역시 장기적인 기획이 필요하고, 실제로 수많은 핵무기들이 해체되어 발전이나 다른 용도로 사용되고 있는데, 그 과정에서 방사능 피해를 줄이는 방안이 거의 없거나 포기한 상태로 이 사실을 숨기기에 급급한 것이 세계적인 현실이다. 여기에서도 수영장 시설을 만들어 활용하는 방안이 유효할 수 있다.

미국의 경우에는 석탄을 채굴하고 난 탄광의 굴 내부에 보관하는 방식을 부분적으로 사용하고 있다. 이 경우는 지진, 자연재해, 화재 등의 위험에 노출되어 있다.

원자력발전소의 냉각수(해수 공급 등) 배수로, 취수로 등의 파이프를 막으면 후쿠시마와 같은 사고가 날 수 있다. 적이 원자력발전소를 비교적 쉽게 파괴할 수 있는 방식이다. 원자력발전소의 냉각 펌프 전기선을 잘라도 같은 사고가 일어난다. 이를 원천적으로 봉쇄할 수 있는 대안으로 필자의 설계를 사용하는 것이 도움이 될 것이다.

원자력발전소를 폐기할 경우와 폐기하지 않을 경우 모두 적용되는 수영장 이론

원자력발전소를 폐기하지 않고 계속 짓고 가동한다면 고리 1호기 원자력발전소에서 사고가 발생할 가능성이 매우 높다. 이 경우 인근 인구 90만 명이 사망하고, 경제 손실은 628조 원에 이른다는 보고서가 나왔다.[2] 다행히 고리 원자력발전소는 2017년 폐기가 결정되었다.

체르노빌 원자력발전소 사고, 후쿠시마 원자력발전소 사고는 얼마든지 다시 일어날 수 있다. 하지만 한국의 원자력발전소 관계자들은 한국의 설계는 일본과 달라 절대 그런 사고가 나지 않을 것이며, 개, 보수도 완벽하게 되었으며, 고장이나 사고 시 이를 정직하게 보고한다고 주장한다. 그러나 인간은 항상 정직하게만 행동하지는 못한다. 따라서 하층에서 최고위층까지 범죄가 따른다. 이는 도덕적 해이(moral hazard) 수준이 아니다. 엄청난 대형 범죄 수준이다. 그 피해는 전 세계가 당하는데, 특히 한국 같이 국토가 좁은 나라에서는 모든 국민이 피해자가 된다. 인간은 도덕적으로 불완전하다는 전제를 인정하면 그 안전장치로 수영장 이론이 필요하다는 것을 더욱더 강조하게 된다.

원자력발전소를 해체하고 더 이상 세우지 않을 경우에도 수영장 이론은 필요하다. 일본은 적어도 30~40년에 걸쳐 후쿠시마 사고를 해결할 것이라고 발표했다. 이 기간에도 물론 수영장 이론을 적용해야 한다. 그리고 그 이후 적어도 100년 이상 수영장 속에 침수시켜 처리 작업을 하는 것이 바람직하다.

---

2) 김정수·이승준, "영광원전 녹아내린 날 서울로 바람이 불면 … ", 《한겨레신문》, 2012년 5월 22일 자.

냉각수와 자유낙하 강물

산, 강, 연못, 호수 등에서 자유낙하를 이용해 원자력발전소에 물을 공급할 경우 원자력발전소를 침수시켜 온도 100℃ 이하(혹은 150℃ 이하)[3]로 냉각시키고, 온도가 상승해 수소가 폭발하고 핵폭발이 생기지 않도록 함으로써 사고를 방지할 수 있다. 이렇게 냉각하도록 지어진 커다란 수영장은 얼마나 커야 할까? 한국의 경우 현재 낙동강, 영산강과 연못, 저수지, 작은 강줄기 등을 동원하면 충분하다. 현실적으로 3200만m³를 적정한 사이즈의 수영장으로 가정하고 설계하면 될 것이다.

경주 덕동호는 2012년 기준 3200만 톤의 식수를 저장한 저수지이다. 이 저수지의 물은 고리와 월성 원자력발전소 최악의 비상사태 시 냉각수로 사용될 수 있기 때문에 수도관, 농수로를 통해 각각의 원자력발전소에 마련된 수영장에 물을 공급할 수 있는 물길 공사를 지금 시작하는 것이 좋다. 덕동호의 경우 경주 보문단지 힐튼호텔에서 약 10km에 위치해 있는 북천(강)과 연결되어 있다. 북천을 태화강과 연결해야 한다. 태화강은 월성 원자력발전소의 약 100m 옆으로 흐른다. 현재의 원자력발전소는 바닷물을 지상으로 끌어올리게 되어 있는데, 바다는 낮고 원자력발전소는 해발 10~15m 정도에 있어 정전이 되면 모터가 돌아가지 않는 것이 문제의 핵심이다.

태화강을 고리 원자력발전소의 수영장으로 연결해야 한다. 필요 시 장거리 연결 공사가 필요할 수도 있다. 평상시에는 현재의 취수장치를 사용해 대형 수영장을 건설하고 물을 채우는 방법을 사용한다. 이 수영장을 원자

---

3) 한국은 현재 150℃ 정도 이하로 원자력발전소의 내부 냉각수를 조절하는 정도로 규정을 완화해서 원자력발전소의 수명을 연장하고 있다. 이전에는 약 145℃로 규정되어 있었다.

력발전소 바로 옆이나 높은 곳에 건설하면 된다. 또한 2단계 공사로 해발 80~100m에 제2의 수영장을 건설하면 자유낙하수를 공급할 수 있다.

후쿠시마 원자력발전소 사고에 적용

후쿠시마 원자력발전소 사고 지역에도 이 방법을 그대로 적용하면 앞으로 2만~20만 년간의 주민 피해와 세계적인 오염을 최소화하는 데 도움이 될 것이다.

다만 후쿠시마의 경우 이미 격납고 바닥에 균열이 생겨 바닥 밑으로 오염 물질과 녹아내린 우라늄 등이 흘러내리고 있는 것으로 예상된다. 또한 계속해서 용융이 일어나고 있고, 격납고 바닥 밖에서도 우라늄이 핵반응을 심각하게 일으켜 녹아내리는 현상이 일어난다고 가정할 수 있다. 이러한 심각한 오염을 막기 위해서는 바닷속에 기초를 닦고 둑(dam)을 쌓아 오염된 바닷물을 가둬야 한다. 그래야 태평양 전체를 심각한 오염으로부터 막을 수 있다. 이는 2차 물막이 둑으로 공사하면 된다. 이 둑은 원자력발전소가 약 해발 9m에 있으니 바닷속에 건설해 약 10m 깊이 정도로 들어가 기초를 올리면 된다. 또한 수면 위로 약 30m 정도로 올려서 후쿠시마 4개의 원자력발전소를 모두 감싸 안도록 충분한 공간을 확보하고 건설하면 된다.

수중 작업

수장된 원자력발전소에서 공사를 할 경우 수중 스쿠버 다이버들을 활용하면 된다. 냉각수의 온도가 100℃ 이하로 안정적일 경우 일시적으로 물을 다 빼내거나 거의 모두 빼내 일반 기술자들이 걸어 들어가 작업하도록 하고, 온도가 상승하면 다시 침수시키는 것을 반복하면서 처리하면 된다. 물을 빼는 방식은 사이펀(siphon) 원리[4]를 사용하면 전기 펌프가 고장이 나도 수동으로 간단히 작업할 수 있다. 그리고 바닥에 수문을 설치해서 수동으로 열고 닫도록 하면 된다. 전기로 열고 닫는 방식도 같이 장치를 병용하면 된다. 다만 전기 공급이 완전히 차단될 경우를 가정해 수동 장치를 만들고 원격조종도 할 수 있도록 하면 된다.

원자력발전소 온배수 순환 구조

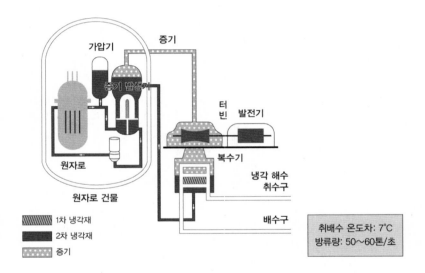

---

4) 높은 곳에 물통에 물을 가득 채우고 낮은 곳으로 물을 이동시키려고 하면 호수(사이펀)로 연결시키고, 호수 내를 진공으로 만들면 물이 아래 있는 곳으로 흘러내린다.

월성 원자력발전소 냉각수 자유낙하 개념도

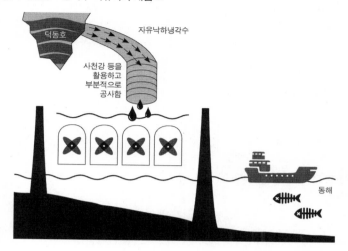

후쿠시마 원자력발전소를 수몰시키는 냉각수 공급방식 개념도

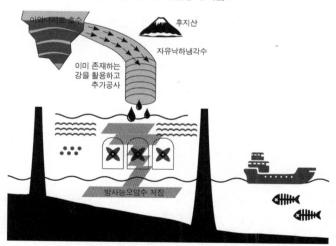

주: 이 개념도는 필자 고유한 것으로 필자에게 판권이 있다.

원자력발전소 냉각수 공급 수영장 설계(Emergency Cooling System Pool)

- 기술 분야: 원자력발전소 시설, 비상 냉각
- 배경 기술: 원자력 발전소 설계 기술
- 내용
· 해결 과제: 원자력발전소의 냉각 펌프 고장으로 열이 증가해 폭발하는 것을 방지하는 것.
· 해결 수단: 덕동호(저수지) 등의 강물, 산물을 자유낙하시켜 수영장을 만들고 전력과 펌프의 도움 없이 원자력발전소에 냉각수를 투입해 냉각시킴.
· 기대 효과: 후쿠시마, 체르노빌 원자력발전소 사고 원인 중 하나는 냉각수 전기 펌프 고장인데, 비상 전기 시스템이 있어도 단전이 되어 전기 펌프 작동이 중지되는 경우에도 자유낙하수를 공급해 원자력발전소를 냉각시킬 수 있음.

- 도면 설명
① 파이프 설치
· 원자력발전소에 취수하는 파이프에 자유낙하수를 공급할 수 있는 파이프를 설치한다.
· 냉각액에 연결하는 파이프를 설치한다.
· 격납고에 자유낙하수를 공급하는 파이프를 설치한다.
이 세 가지 파이프를 열고 닫는 장치(밸브)를 설치하고, 파이프에 냉각수용 저장 수영장을 연결한다.
② 냉각수용 저장수 수영장 건설
· 가로 200m, 세로 200m, 높이 80m 정도로 건설한다(1차 연구에서 6400만m^{3}로 기획했던 것을 3200만m^{3}로 수정해 실용성을 높였다).
· 해발 100m에 1차 수영장을 건설한다.
· 이 수영장에 강물, 산 물, 호수 물, 저수지 물, 농수로 물 등을 연결한다.
· 기존의 수도와 농수로를 최대한 활용한다.
· 물줄기를 수동으로 열고 닫도록 설계한다.
· 이 공사는 원자력발전소에서 10km, 20km, 100km 등의 원거리에서 수동으로 작동하도록 설계한다.

참고문헌

1. 국내문헌

노정선. 1988. 『통일신학을 향하여: 제3세계 기독교윤리』. 한울.

_____. 1993. 『이야기 신학』. 한울.

_____. 1994. *Liberating God for Minjung*. 한울.

_____. 2000. *The Third War: Christian Social Ethics*. 연세대학교 출판국.

_____. 2008. 『동북아 평화를 위한 패러다임의 전환: 북핵 해결과 한반도 평화 정
   책을 위한 제언』. 동연.

_____. 2003. *Story God of The Oppressed: Joshua Syndrome and Preventive
   Economy*. 한울.

샌델, 마이클(Michael Sandel). 2010. 『정의란 무엇인가』. 김영사.

와인버거, 캐스퍼(Casper Weinberger) 외. 1997. 『넥스트 워』. 정형근 옮김. 고려원.

전석담. 1949. "The Tonghak Peasnats' Unrest as a Suming-up of the Feudal
   Society of the Yi Dynasty". *The Economic History of Korea*. 박문출판사.

한완상. 1985. 『민중과 지식인』. 정우사.

OECD. 2010. 「한국경제보고서」.

2. 외국문헌

Chomsky, Noam. 2000. *Rogue States: The Rule of Force in World Affairs*. South
   End press.

CIIR. 1989. *Road to Damascus: Kairos and Conversion*.

Greenspan, Alan. 2007. *The Age of Turbulence: Adventures in a New World*.
   Penguin Press.

Grititsch, Eric W. 1967. *Reformer Without A Church: The Life and Thought of
   Thomas Muentzer(1488?-1525)*. Fortress Press.

Gutierrez, Gustavo. 1988. *A Theology of Liberation: History, Politics, and Salvation*.

Orbis Books.

Huntington, Samuel. 1993. "Clash of Civilizations?". *Foreign Affairs*, Vol. 72, No. 3.

McDonald, Mark. 2011. 3. 25. "North Korea says Libya should have kept nuclear program". *The New York Times*.

Noh, Jong-Sun. 1972. *Survey for the Korean Immigrants in New England*. The Presbytery of Boston. Ad Hoc Committee on the Ministry Planning for Korean Immigrants.

_____. 1984. *Religion and Just Revolution: Violence and Nonviolence in the Minjung's Struggle for Justice in the Tonghak Revolution*. Pana Press.

_____. 2009. "The Effect of Unecological Theology in Korea". *Voices From the Third World: Eco-Crisis Theological Visions*. the Ecumenical Association of third World Theologians.

Niebuhr, Reinhold. 1932. *Moral Man and Immoral Society: A Study in Ethics and Politics*. Charles Scribner's Sons.

Sanger, David E. 2010. 11. 20. "North Koreans Unveil New Plant for Nuclear Use." *The New York Times*.

Shinn, Roger L. 1982. *Forced Option: Social Decisions of the 21st Centrury: With Reconsiderations*. Harper and Row.

Suh, Nam Dong. 1981. "Historical References for a Theology of Minjung". *Minjung Theology*. Kim, Yong Bok(ed.). A CTC-CCA(아시아교회협의회 신학위원회).

3. 기타

김두환. 2010. 11. 18. "조선신보, "北북경수로 건설은 경제주권"". 연합뉴스.

김연철. 2009. 12. 24. "지각 변동 분화구에서 한국만 졸고 있네". ≪한겨레 21≫.

김정수·이승준. 2012. 5. 22. "영광원전 녹아내린 날 서울로 바람이 불면…". ≪한겨레신문≫.

대한민국헌법 전문. http://100.naver.com/100.nhn?docid=703844

서욱진. 2010. 6. 18. "OECD, 통일비용 급증 경고 … 남북 사회·경제적 격차 확대". ≪한국경제≫.

안용현. 2010. 4. 24. "北 대청해전(작년 11월 10일) 패전후 강경조선 급선회". ≪조선일보≫.

안용현·임민혁. 2008. 5. 17. "원칙? 융통성? 갈피 못잡는 북 식량지원". ≪조선일보≫.

이병철. 2012. 8. 27. "대미 원자력협상, 핵 오리엔탈리즘 극복해야". ≪경향신문≫.

정남구. 2010. 11. 30. "'핵 무장' 겉 다르고 속 다른 일본". ≪한겨레신문≫.

홍진수. 2010. 4. 22. "북 "핵보유국들과 동등한 입장서 군축 참여". ≪경향신문≫.

홍헌호. 2010. 1. 7. "원전 수출 효과 부풀리기 지나쳐". ≪한겨레신문≫.

홍범식. 2006. 2. 1. "날마다 열심히 통일기도를…봉수교회 장로 강세영과 만나다". ≪민족21≫.

지은이　노정선(Noh, Jong-Sun), nohjong@chol.com

미국 하버드 대학교 석사(M.Div)

미국 유니온 신학대학원 박사(Ph. D)

미국 예일 대학교 연구원(Research Fellow), '제삼세계 신학' 강사(Instructor on Third World Theology)

열린평화포럼 대표

YMCA 전국연맹 통일위원장, 평화통일운동협의회 공동대표, 이사

한국기독교교회협의회(KNCC) 통일위원

미국 장로교 아시아협회 동부지역 회장

통일원 장관 정책 자문위원

미국 휴스턴 대학교 록웰(Rockwell) 석좌 초빙교수

영국 BBC 월드 서비스(BBC World Service), 라디오 프랑스 인터내셔널(Radio France International) 분석 해설 봉사자

한국기독자교수협의회 총무, 회장

연세대학교교수협의회 회장, 부회장

미국 장로교 목사 안수(보스턴 노회)

현) 연세대학교 명예교수, 한국기독교교회협의회 통일위원장

수상경력

연세대학교 교수업적상 수상(2000)

세계기독교커뮤니케이션협의회(WCCC) 공로상 수상(2004)

주요 논문 및 저서

Survey for the Korean Imigrants in New England(1972), 『사회윤리와 기독교』 (1977), *First World Theology and Third World Critique: Critique on Reinhold Niebuhr's Ethics from the Oppressed Minjung's Perspective*(1983), *Religion and Just Revolution: Violence and Nonviolence in the Minjung's Struggle for Justice in the Tonghak Revolution*(1984), 『라인홀드 니부어와 해리 워드(Harry F. Ward) 비교 분석』(1987), 『통일신학을 향하여: 제3세계 기독교윤리』(1988), 『이야기 신학』(1993), *Liberating God for Minjung*(1994), 『제삼의 전쟁』(1997), *The Third War: Christian Social Ethics*(2000), *Story God of The Oppressed: Joshua Syndrome and Preventive Economy*(2003), *Third War*(2003), 『동북아 평화를 위한 패러다임의 전환: 북핵 해결과 한반도 평화 정책을 위한 제언』(2008), "Reuniting Korea with Peace Preaty, nd Lifting all Sanctions against N. Korea"(2015) 등.

한울아카데미 1869

**지속가능한 평화와 통일전략: 통일 신학에서 본 대북정책과
한반도 평화**

ⓒ 노정선, 2016

지은이 ı 노정선
펴낸이 ı 김종수
펴낸곳 ı 한울엠플러스(주)

편집책임 ı 신유미
편집 ı 강민호, 신유미

초판 1쇄 인쇄 ı 2016년 1월 22일
초판 1쇄 발행 ı 2016년 2월 5일

주소 ı 10881 경기도 파주시 광인사길 153(문발동 507-14) 한울시소빌딩 3층
전화 ı 031-955-0655
팩스 ı 031-955-0656
홈페이지 ı www.hanulmplus.kr
등록번호 ı 제406-2015-000143호

Printed in Korea.
ISBN 978-89-460-5869-9 93230 (양장)
       978-89-460-6120-0 93230 (학생판)

※ 책값은 겉표지에 표시되어 있습니다.
※ 이 책은 강의를 위한 학생용 교재를 따로 준비했습니다.
   강의 교재로 사용하실 때에는 본사로 연락 주십시오.